HEYNE FILMBIBLIOTHEK

Gebhard Hölzl
Thomas Lassonczyk

ARMIN MUELLER-STAHL

Seine Filme – sein Leben

Originalausgabe

WILHELM HEYNE VERLAG
MÜNCHEN

HEYNE FILMBIBLIOTHEK
32/169

BILDNACHWEIS

Archiv des Autoren 8, 12, 13, 15, 19, 23, 25, 26, 27, 30, 35, 36, 42, 45, 46, 47, 49, 51, 54, 57, 60, 62, 65, 67, 69, 72, 77, 81, 82, 83, 85, 87, 89, 91, 94, 97, 99, 102, 103, 107, 112, 113, 115, 117, 119, 136, 137, 139, 142, 159, 161, 166, 167, 172, 174, 175, 176, 178, 182, 183, 184, 187, 188, 190, 193, 198, 199, 201, 202, 206; Bay. Rundfunk/Fernsehen 109; Cinefoto Ulla Reimer 130; CINEVOX 21; Columbia Tri-Star 152, 153; Concorde Film 48, 125, 146, 180; Günter Freyse 121; DEFA-Wenzel 170; Filmverlag der Autoren 43, 123, 143, 180; K-Press 11, 141; NEF 2 24; ORF-Fotodienst 20, 28, 204; Photo Image, INC. 107; Pressedruck Gisela Meuser 155; RCA/Columbia 194; Regency Enterprises V.O.F. 107; Scotia Film 111, 116, 147, 148; Senator Film 22, 127; Tobis Filmkunst 134, 151, 185, 192; UFA Video 189; Warner Bros. Film GmbH 29; ZDF Bilderdienst 131, 205

Umschlagfoto: Deutsche Presseagentur/Kersten, München
Rückseitenfoto: Archiv Lothar Just
Innenbilder: siehe Bildnachweis
Printed in Germany 1992
Umschlaggestaltung: Atelier Ingrid Schütz, München
Herstellung: H + G Lidl, München
Satz: Fotosatz Völkl, Puchheim
Druck und Bindung: Ebner Ulm

ISBN 3-453-05758-9

Inhalt

für Liza Lara

DANKSAGUNG

An Uschi Lassonczyk für die unzähligen Stunden an der Schreibmaschine, an Cordula Enzinger fürs wiederholte Korrekturlesen, an Sabine Spindler für diverses DDR-Material, an Kurt Krieger für seinen fototechnischen Beistand, an die Film- und Videoverleihe für Materialien und Filme, an Frau Mueller-Stahl für Kaffee und Kuchen und besonders an Armin Mueller-Stahl, der uns sein privates Archiv zur Verfügung gestellt und geduldig selbst die persönlichsten Fragen beantwortet hat.

Der Star ohne Eigenschaften

Eine Annäherung an Armin Mueller-Stahl

»Der Bogart aus Tilsit«, so titelte Deutschlands größte Illustrierte im September 1984 keck und meinte damit Armin Mueller-Stahl. Zugegeben, eine schöne Schlagzeile – nur leider lagen Autor und/oder Redaktion vollkommen falsch. Armin Mueller-Stahl und Humphrey Bogart verbindet – außer der Tatsache, daß beide Schauspieler sind – nichts. Bogart war ein klassischer »womanizer«, ein Frauenheld, der erst durch Lauren Bacall gezähmt wurde, Mueller-Stahl ist ein Familienmensch. Bogart soff, Mueller-Stahl trinkt keinen Alkohol. Bogart ist ein fester Begriff der Filmgeschichte, Mueller-Stahl (noch) nicht. Während »Bogie« sein Leben lang auf gewisse Rollen und Figuren festgelegt war, läßt »Minchen« sich nicht einordnen. Lediglich in der hohen Zahl ihrer Kinoauftritte herrscht zwischen den beiden Akteuren eine gewisse Pattsituation. Doch auch hier spricht auf lange Sicht alles für den fleißigen Armin Mueller-Stahl, der zudem auf über 250 Bühnenrollen (weit mehr als Bogart) und bisher rund 60 Fernsehparts verweisen kann.

Armin Mueller-Stahl ist ein Phänomen in der deutschen Kinolandschaft. Man kennt ihn. Aber nicht wie Klaus Kinski, der als exzentrischer Bösewicht seinen Weg gemacht hat, nicht wie Mario Adorf, der nach Italien zog, um als Star heimzukehren, und schon gar nicht wie Klaus Maria Brandauer, der jedem, der es hören will – und leider auch jenen, die es nicht hören wollen –, kurzerhand erklärt, er sei der beste deutschsprachige Schauspieler.

Armin Mueller-Stahl ist auch kein Typ zum Anfassen, kein Ruhrpott-Kumpel wie Götz George, kein Dampfplauderer wie Dieter Hallervorden. Sicher, Herr Stahl hat Format, Herr Stahl sieht blendend aus, Herr Stahl hat Sex-Appeal, und Herr Stahl ist ein guter, manchmal sogar großartiger Schauspieler. Aber in der Regel genügen diese Eigenschaften allein nicht, um den Erfolg zu garantieren.

Warum kennt man Armin Mueller-Stahl dann? Gewiß nicht wegen seiner stahlblauen Augen. Er hat kein festes TV-Publikum, denn er lehnt es ab, sich in einer Serie verheizen zu lassen. Er ist kein Teenie-Idol, dagegen sprechen seine anspruchsvollen Rollen, und

Armin Mueller-Stahl privat

ein Parade-Opa wie Willy Millowitsch ist er trotz seiner 60 Lenze schon gar nicht.
Bleiben die Schlagzeilen. Auch hier Fehlanzeige. Der Boulevardpresse liefert er keine Skandale – keine Frauengeschichten, keine Drogen, keine Exzesse. Seine Popularität muß also in seiner Schauspielkunst begründet liegen. Doch Vorsicht! Armin Mueller-Stahl ist weder ein Chamäleon wie Robert De Niro noch ein Selbstdarsteller wie John Wayne. Kaum ein Schauspieler hat in so vielen Kassenflops mitgewirkt wie er. Doch er hat sie alle mit Bravour überlebt. Aber auch kaum ein Schauspieler hat so viele Preise gewonnen wie er. Die Angebote sind nie ausgeblieben, über Arbeitsmangel kann sich der Mime wahrlich nicht beklagen. Sogar der Sprung über den großen Teich ist ihm geglückt, Hollywood hat ihn »entdeckt« – ein Privileg, das den meisten seiner deutschsprachigen Kollegen vorenthalten geblieben ist.
Armin Mueller-Stahl hat etwas geschafft, was höchst selten ist. Er ist in seinem Metier zum festen Begriff geworden. Durch Ausdauer, durch Fleiß, durch Können. Dreimal mußte er seine Karriere

beginnen, dreimal mußte er von vorne anfangen – zunächst in der DDR, dann, nach seiner Umsiedlung, in der Bundesrepublik und schließlich in den USA. Jedesmal ist es ihm gelungen, Fuß zu fassen, in jeder Schaffensperiode kann er auf bemerkenswerte Rollen verweisen. Aber Mueller-Stahl ist auch ein Realist. Sein Job, seine Arbeit, seine Passion besteht nicht nur aus Kunst – viele Angebote hat er des »Broterwerbs wegen« angenommen. Trotzdem hat er dabei immer darauf geachtet, sein Bestes zu geben. Keine Rolle war zu klein, zu unbedeutend, als daß er nicht versucht hätte, sie mit Leben zu füllen, ihr Gewicht zu verleihen, sie »rüberzubringen«. Die Kritiker haben ihm in der Regel dafür gedankt. Selbst in einem Verriß wird sein Name in den seltensten Fällen mit negativer Kritik bedacht. Und noch wichtiger vielleicht – das Publikum schätzt ihn. Warum? Gerade, weil er so normal, so durchschnittlich ist. Armin Mueller-Stahl mag ein Star ohne Eigenschaften sein, dafür ist er ein genialer Handwerker. Viel Besseres läßt sich über einen Schauspieler nicht sagen.

Kein Wettschwimmen mit Konrad Wolf

Armin Mueller-Stahl im Gespräch

Eines Ihrer ersten Angebote, das Sie im »goldenen Westen« bekommen haben, war die Rolle des Professor Brinkmann in dem TV-Hit »Die Schwarzwaldklinik«. Warum haben Sie nicht zugegriffen? Mit diesem Part hätten Sie sich, wie Horst Tappert mit »Derrick«, doch zumindest finanziell abgesichert.

Armin Mueller-Stahl: Die »Schwarzwaldklinik« hat zwei Schauspieler berühmt gemacht. Den Wussow, weil er die Hauptrolle übernommen hat, und den Mueller-Stahl, weil er sie abgelehnt hat. Zunächst war ich durchaus geneigt zuzugreifen. Ich war gerade aus dem Osten übergesiedelt, ohne Engagement, und mein Bedürfnis nach Sicherheit war groß. Ich habe mich hingesetzt, das Drehbuch gelesen und den ganzen Kitsch herausgestrichen. Mit dem Autor zusammen. Man ließ uns gewähren. Aber je mehr ich mich in das Buch hineinarbeitete, desto mehr merkte ich, daß es überhaupt nicht meinen Vorstellungen entsprach. Es war nicht einmal Trivialunterhaltung. So etwas konnte und wollte ich nicht machen. Ich sagte ab. Es war ein schwerer Schritt, denn ich hatte nichts in Aussicht. Aber ich wollte nicht in den Fängen einer Serie enden. Ich wollte nicht, daß auf meinem Sarg steht: »Dr. Brinkmann war sein Leben.«

Einmal von Ihrer Absage abgesehen, warum wurde die »Schwarzwaldklinik« ein solcher Erfolg?

AMS: Die Leute sind fasziniert von Krankengeschichten. Sie brauchen Leitfiguren zur Lebenshilfe. Kommissare, Pastoren und Ärzte in besonderem Maße. Die Zuschauer erwarten etwas von diesen Stücken, das sie im Leben nicht bekommen. Ein bißchen Krankheit, ein bißchen Konflikte, aber sonst nur schöne, gesunde, reiche Menschen – dieses gemeine, in Amerika entwickelte Strickmuster halte ich für gefährlich. Es wird Lebenshilfe versprochen, die aber kann nicht eingelöst werden. Trivialunterhaltung, auch in der Literatur, ist legitim. Sie wird immer eine breite Anhängerschaft haben. Die Filme, die ich vorziehe, erregen dagegen kaum Aufsehen. Sogar zwei Oscar-nominierte in ein und demselben Jahr sind nicht aufgefallen (»Bittere Ernte« und »Oberst Redl« waren im Jahre 1986 nominiert,

Klausjürgen Wussow, hier in ›Bitte laßt die Blumen leben‹, wurde als Professor Brinkmann in ›Die Schwarzwaldklinik‹ zum TV-Superstar

gewonnen wurde der Oscar schließlich von dem Argentinier Luis Puenzo für »Die offizielle Geschichte«, Anm. d. Aut.).

Im Prinzip dient die Arbeit beim Fernsehen wohl doch nur dem schnellen Geldverdienst.

AMS: Nein, überhaupt nicht. Beim Fernsehen tut man die gleiche Arbeit wie für einen Kinofilm. Mit schnellem Geldverdienen hat das nichts zu tun. Fernsehen hat natürlich eine große Macht, weil so-undso viele Millionen zuschauen. Ich mache es von der Zeit und von den Drehbüchern abhängig, ob ich fürs Fernsehen oder fürs Kino arbeite. Geld spielt da eher eine sekundäre Rolle.

Nennen Sie uns doch einige ihrer wichtigsten Fernseharbeiten.

Silke Breuer (Annekathrin Bürger) fühlt dem Ost-007 Achim Detjen (Armin Mueller-Stahl) in ›Das unsichtbare Visier‹ auf den Zahn.

AMS: »Flucht aus der Hölle«, das Gegenstück zum bundesdeutschen Gassenfeger »Barfuß durch die Hölle«; »Die letzte Chance«, die Geschichte eines Pianisten, der vergeblich versucht, vor den Faschisten in die Schweiz zu fliehen; die Fallada-Adaption »Wolf unter Wölfen« und Klaus Poches »Geschlossene Gesellschaft«, eine Arbeit, die damals aus politischen Gründen nicht zur Aufführung gelangen konnte; die beiden von Martin Eckermann inszenierten, von Helmut Sakowski verfaßten Mehrteiler »Wege übers Land« und »Die Verschworenen«; »Das unsichtbare Visier«, die erfolgreichste DDR-Serie überhaupt.

Soweit zur DDR. Und die bundesdeutschen TV-Produktionen?

AMS: »Die längste Sekunde«, ein schöner Krimi, in dem ich einen Mann mit Gedächtnisverlust verkörpere. In »Ich werde warten« bin ich ein Hoteldetektiv, eine Figur, die einem Chandler-Roman entstammen könnte; Axel Cortis und Georg Stefan Trollers »An uns glaubt Gott nicht mehr«; »Hautnah« von Poche und Heyms »Col-

lin«; der Tatort »Freiwild«, bei dem Wolfgang Staudte – ich lernte ihn leider viel zu spät kennen – noch einmal an seine alte Form anknüpfte, und »Jokehnen«, in dem nicht ich, sondern mein Sohn Christian die eigentliche Hauptrolle spielt. Ganz allgemein möchte ich sagen, daß ich einige Fernsehfilme gemacht habe, die eigentlich ins Kino gehört hätten.

Sie haben in der siebenteiligen US-Fernsehproduktion »Amerika«, die sehr widersprüchlich aufgenommen wurde, mitgewirkt.

AMS: Diese Serie erzählt von der fiktiven Besetzung Amerikas durch die Russen, und ich spiele darin einen sowjetischen Geheimdienstgeneral. Man warf damals der Produktion schon im Vorfeld vor, daß die Russen zu Unmenschen degradiert werden würden. Als dann die Serie schließlich ausgestrahlt wurde, gab es kaum noch negative Stimmen zu hören. Sicherlich gehört dieser Part zu einer meiner besten Rollen, weil ich mich wirklich intensiv darum bemüht habe, diesen russischen General so stark und mächtig wie möglich zu zeigen. Das hat den Amerikanern anfangs gar nicht gefallen. Insgesamt gesehen war »Amerika« nicht so unfair, und diejenigen, die aufgebracht waren, hatten die Serie sowieso nie gesehen. Anfangs habe ich mich über solche Leute noch geärgert. Sie pöbelten mich

Armin Mueller-Stahl in seiner ersten amerikanischen Rolle als sowjetischer General in dem siebenteiligen TV-Film ›Amerika‹

auf der Straße an und schrien: »Sie sind ein Schwein, daß Sie so etwas mitmachen!« Mit solchen Leuten wollte ich mich schließlich nicht mehr auseinandersetzen. Übrigens: »Amerika« war ausschlaggebend dafür, daß ich die Rolle in »Avalon« erhalten habe.

Zurück zu den deutsch-deutschen Verhältnissen. Wie unterscheiden, genauer unterschieden, sich die Arbeitsbedingungen in der DDR und der BRD?

AMS: Der größte Unterschied bestand darin, daß man in der DDR automatisch verpflichtet wurde, solange man als politisch zuverlässig galt. Das heißt, man konnte regelmäßig und kontinuierlich arbeiten. Man war also nicht unbedingt von Trends oder vom Wohlwollen gewisser Produzenten abhängig. Im Westen dagegen hängt die Schauspielerei in besonderem Maße davon ab, ob man beschäftigt wird oder nicht. Das Geheimnis unseres Berufes besteht darin, daß Erfolg Erfolg macht. Ein Schauspieler, der keine Arbeit bekommt, kann nie erfolgreich werden, er kann nicht wachsen.

EXKURS:

Es ist unmöglich, das Filmschaffen in der ehemaligen DDR als isolierte Kunstform zu betrachten. Spricht man vom DDR-Film, so gilt es, immer dessen Einbindung in das politische System zu bedenken. Mehr als in den westlichen Ländern diente der Film als kulturpolitische Waffe.

Der 17. Mai 1946 gilt allgemein als der Geburtstag des DDR-Films. An diesem Tag erhielt die DEFA (Deutsche Film AG) eine sowjetische Lizenz; die erste deutsche Filmproduktionsgesellschaft nach dem Krieg war geboren. Lizenzträger waren Hans Klering, Filmreferent der Zentralverwaltung, Alfred Lindemann, ehemaliger Oberbeleuchter der Ufa, der Trickfilmkameramann und spätere Regisseur Professor Dr. Kurt Maetzig und der Filmarchitekt Willy Schiller – allesamt Mitglieder des Filmaktivs, das die Gründung der DEFA vorbereitet hatte.

18 Monate später wurde die DEFA zu einer sowjetisch-deutschen Aktiengesellschaft, bei der der sowjetische Einfluß hauptsächlich auf dem Verleihsektor lag. Seit 1953 unterstand sie völlig der Regierung der DDR. Man unterschied folgende Produktionsbereiche: Spielfilm, populärwissenschaftlicher Film (bis 1969), Trickfilm, Synchronisation, Kopierwerk und Außenhandel.

Kurt Maetzig beim Inszenieren (1947/1975)

Der verhältnismäßig rasche Aufbau einer gutfunktionierenden Filmproduktion läßt sich zum Teil mit der günstigen Ausgangsposition in der Sowjetischen Besatzungszone (SBZ) erklären. Hier standen das alte Babelsberger Studio und das ehemalige Tobis-Atelier in Berlin-Johannesthal zur Verfügung; die Filmproduktion wurde von vornherein zentralisiert, ein schneller Start war möglich. Demgegenüber entstanden in den Westzonen zahlreiche Produktionsgesellschaften, die sich kommerziell ausrichteten und nicht auf die materielle Basis der Ufa zurückgreifen konnten. In beiden Systemen war man jedoch gezwungen, sich Filmschaffender zu bedienen bzw. auf solche zurückzugreifen, die schon während des Dritten Reiches Erfahrungen gesammelt hatten. Es kamen also praktisch nur diejenigen nicht mehr zum Zuge, die sich allzu offen kompromittiert hatten.

Was hat Sie dazu bewogen, aus der DDR auszureisen?

AMS: Der Hauptgrund lag darin, daß ich nicht mehr engagiert wurde, nachdem ich die Biermann-Petition unterschrieben hatte, in der gegen die Ausweisung des Liedermachers protestiert wurde. Falls ich weiterarbeiten wollte, so wurde mir gesagt, sollte ich meine Unterschrift zurücknehmen. Als ich das nicht tat, saß ich drei Jahre lang herum. In dieser Zeit schrieb ich »Verordneter Sonntag«, ein Buch, das meinen Abschied von der DDR beinhaltet.

Ihre Karriere war also von einem Tag zum anderen beendet.

AMS: Ja, im Jahr 1976 brach alles zusammen. Wissen Sie, ein Schauspieler stirbt ja völlig geräuschlos. Ein Schriftsteller dagegen lebt weiter – im Gegenteil, die meisten DDR-Autoren fanden im Westen Verleger und verdienten West-Knete. Aber als Schauspieler war man weg vom Fenster.

Waren Sie auch auf dem Theater nicht mehr gelitten? Sie haben schließlich in der DDR 25 Jahre auf der Bühne gestanden.

AMS: Auch damit war's vorbei. Zunächst hatte ich Musik studiert, ein Studium, das ich auch abgeschlossen habe. Ich wollte nur mal so zum Theater, probeweise, für kurze Zeit. Ich sprach an dem Theater vor, an dem mein Bruder Hagen Dramaturg war – Schiffbauerdamm, später Volksbühne. Ich erinnere mich auch noch gut an meine erste Rolle. Ich durfte immerhin einen Satz brüllen: »Der Herzog rückt an!« Das war im »Armen Konrad« von Friedrich Wolf. Diese eine Zeile hatte ich besonders perfekt vorbereitet. Ich mußte, von einem Schuß tödlich verletzt, auf die Bühne eilen, um dort zu sterben. Ich machte das recht theatralisch. Der Intendant Fritz Wisten sagte: »Sehr gut gemacht, aber stirb bitte dem Kutscherer nicht in seinen Satz hinein.« So lernte ich schon sehr früh, wie man schneller stirbt.

Aber nur auf der Bühne.

AMS: Auch mein Weggang vom Theater war ein schneller Tod, wenn Sie so wollen. Denn eines Tages kam ein neuer Intendant, und der beschloß, alle Schauspieler, die über 45 Jahre alt waren, zu entlassen, zu berenten, zu verbannen. Mir tat er damit nicht allzu weh, denn ich hatte beim Film Fuß gefaßt und genoß Popularität. Trotzdem war der Tag meines Weggangs eine meiner bittersten Erfahrungen. Ich weiß noch genau, daß es ein Dienstag war. Ich nahm meine Sachen aus der Garderobe und ging – und keiner sagte »Auf Wiedersehen« oder »Danke schön«. Es war ein Jammer. 25 Jahre – das ist beinahe ein ganzes Schauspielerleben. Danach beschloß ich, daß ich nie wieder mit dem Theater etwas zu tun haben möchte. Im nachhinein betrachtet, hätten auch fünf Jahre Bühnenerfahrung genügt, die restlichen 20 waren eigentlich umsonst.

Zurück zu erfreulicheren Dingen. Genoß man als Schauspieler in der DDR gewisse Vorrechte?

AMS: Sicher, man verdiente schon mehr als üblich. 1000 Mark war die Spitzengage pro Tag. Davon gingen 20 Prozent Abzüge weg. Also bekam man nach jedem Drehtag ein Tütchen mit 800 Mark überreicht. Aber wie gesagt, das war die Spitzengage, und das hatten nur wenige.

Durfte man als Schauspieler in den Westen reisen?

AMS: Nein, prinzipiell nicht. Nur wenn man im staatlichen Auftrag unterwegs war – das heißt ein »sozialistischer Botschafter« war –, durfte man das Land verlassen. Ich konnte hin und wieder reisen. So durfte ich anläßlich des 20. Jahrestages der Staatsgründung die DDR in Dänemark repräsentieren. Aber ich war kein guter Vertreter. Meine Texte waren zu pazifistisch.

Ist bei der Rückkehr aus dem Ausland Ihr Gepäck kontrolliert worden?

AMS: Man hatte immer ein schlechtes Gewissen, wenn man was eingekauft hatte – und man hatte immer etwas eingekauft. Einmal bin ich auch gefilzt worden, und ich dachte: Welche Unverschämtheit! Da geht man für den Staat repräsentieren, und dann wird man gefilzt. Im allgemeinen kam es immer darauf an, ob der zuständige Grenzbeamte einen mochte oder nicht.

Verbindet Sie noch etwas mit der DDR?

AMS: Nein. Dieses Thema ist mit all seinen Problematiken abgeschlossen. Ich habe die DDR beim Punkt und nicht beim Komma verlassen.

Sie waren in der DDR also künstlerisch ohnehin am Ende?

AMS: Ja.

Reden wir über Ihre Kollegen. Was halten Sie von Ulrich Thein?

AMS: Ja. Ich war befreundet mit ihm. Als Schauspieler haben wir zusammen in »Fünf Patronenhülsen«, »... und deine Liebe auch« und »Königskinder« gespielt. Dann war ich in seinen Filmen »Der andere neben dir« und »Columbus 64«. Beide von ihm geschrieben und inszeniert.

Und Wolf Biermann.

AMS: Mit ihm habe ich in »Columbus 64« gespielt. Damals merkte er, wie schwer Schauspielern ist. Wolf Biermann spielt nicht mit Artistik, sondern mit physischem Einsatz. Er ist ein Interpret, der sich vor seine Lieder stellt. Die wirklich großen Künstler aber dienen dem Stück, ordnen sich unter. Warum tut er das nicht? Seine Lieder sind doch schön... Als politische Figur in der DDR ist er zweifelsohne enorm wichtig gewesen.

O.W. Fischer, der Held der Nachkriegsjahre.

AMS: Er hat in den 50er Jahren den deutschen Film dominiert. Er war nicht so gut wie Heinz Rühmann, aber ein ausgezeichneter Schauspieler, der sich selbst einbrachte.

Hans Moser, das österreichische Original.

AMS: Großartig, ganz großartig. Nur Hans Moser ist Hans Moser. Er hat sich selten verlassen, aber er ist eine Filmfigur. Eine populäre. Ein wunderbarer Moser. Er hat eigentlich nie etwas ausprobiert.

Ex-DDR-Kollege Ulrich Thein

Oben: Arnold Schwarzenegger, die »Steirische Eiche«
Links oben: Der deutsche Star der 50er: O. W. Fischer
Links unten: Gut genuschelt: Hans Moser (rechts) und Paul Hörbiger servieren

Meine bevorzugten Schauspieler zeichnen sich dadurch aus, daß sie hin und wieder ganz schlecht sind, weil sie etwas ausprobieren, was sie nicht können.

Arnold Schwarzenegger, die »Steirische Eiche«.

AMS: Ich bewundere seine Lebensstrategie. Was er mit einem Minimum an Talent erreicht hat. Ich fragte ihn mal, in welcher Sprache er sich mehr zu Hause fühlt, Englisch oder Deutsch. »Englisch«,

Links: Klaus Maria Brandauer ist ›Oberst Redl‹

Rechts: Jean Gabin, der französiche Nationalheld

sagte er, »aber ich zähle noch in Deutsch...« Und da hat er zu tun. Ich beneide ihn darum nicht.

Wirklich?

AMS: Ja. Ich wüßte nicht, was ich mit so viel Geld anfangen sollte. Ich brauche keine riesengroße Villa, obwohl ich mir manchmal wünsche, mehr als dreimal am Tag essen zu können, vor allem gute Sachen...

Bleiben wir bei den Schauspielern. Wie steht's mit Klaus Maria Brandauer?

AMS: Wir drehten zusammen »Oberst Redl«. Nur drei Tage. Ich hatte das Gefühl, wir hatten etwas Herzklopfen vor der ersten Szene. Nach der Szene stellte ich den Daumen auf, gut gemacht, toll. Das Eis war gebrochen.

Jean Gabin, die französische Institution.

»Spielte immer im roten Bereich«: Bühnenlegende Sir Laurence Olivier

AMS: Ihn liebe ich sehr. Ich weiß nicht genau, was mich an dem Mann so fasziniert hat. Fasziniert hat mich, daß er all das tat, was ich von ihm erwartete. Ich wußte exakt, wie er in der nächsten Einstellung gucken wird. Und wenn er es dann tatsächlich tat, war es dennoch spannend. Ähnlich wie er kommt Lino Ventura. Delon und Belmondo mag ich weniger. Ich mache mir nichts aus Macho-Figuren, aus Filmhelden generell. So ist Gabin nie gewesen. Er konnte sich auf einer Nation, die ihn liebte, ausruhen. Das gab und gibt es bei deutschen Schauspielern nicht; denn außer ein paar Fernsehstars wird niemand richtig geliebt, sieht man von Rühmann und Hans Albers ab.

Laurence Olivier, die Bühnenlegende.

AMS: Ein schauspielerisches Chamäleon. Vielleicht mein größtes Vorbild. Er spielte immer im roten Bereich, probierte Neues aus.

Auch ich bemühe mich, innovativ zu sein, lasse in jedem Film einmal völlig vom Geländer los. Olivier war immer überzeugend in seinen Figuren, obwohl er mit den sparsamsten Mitteln gearbeitet hat. Er hat sich kaum verstellt – denn eigentlich war er immer der gleiche Charakter. Das hat aber das Publikum in den seltensten Fällen gemerkt. Die kleinen Nuancen waren sein großes Kapital.

Dustin Hoffman, der »Marathon-Mann«.

AMS: Hoffman ist ein Schauspieler, der sich gern verwandelt und auch verwandeln möchte. Darin sieht er die Triebkraft seiner Arbeit.

De Niro, der Verwandlungskünstler.

AMS: Auch ein Chamäleon. Aber im Gegensatz zu Olivier ein Chamäleon im wortwörtlichen Sinn. Das heißt, er verwandelt sich

... and the winner is: Dustin Hoffman mit dem ›Berliner Bären‹ für ›Rain Man‹

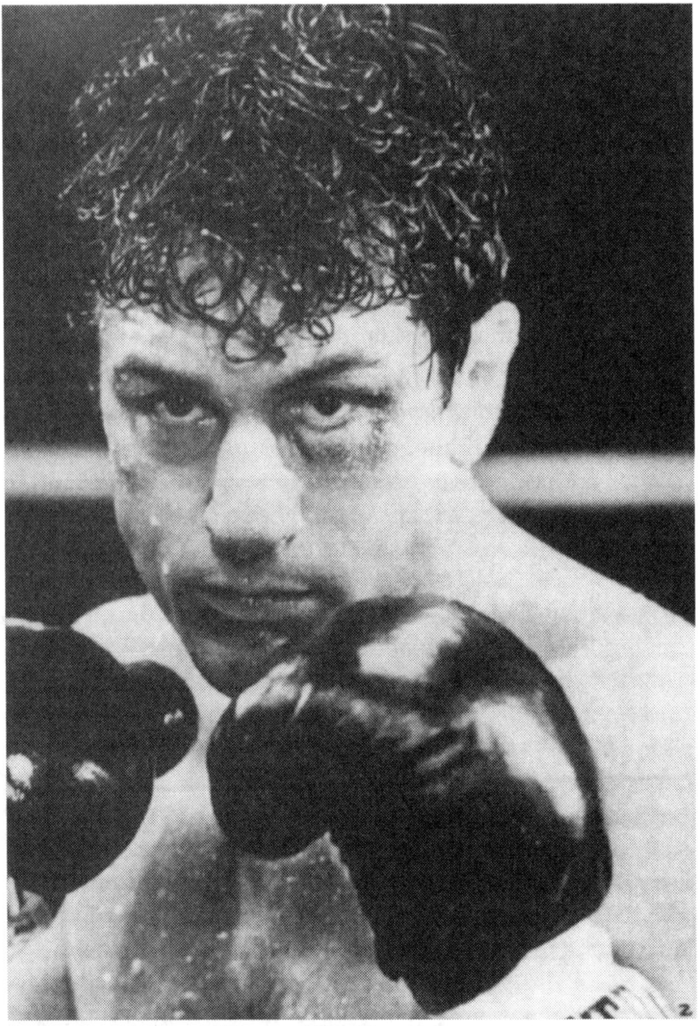

Robert De Niro boxt ›Wie ein wilder Stier‹

wirklich in die Figuren, die er verkörpert. Er frißt sich 20 Pfund an, um einen alten Boxer darzustellen – das ist aber keine künstlerische, sondern eine eindrucksvolle biologische Leistung...

Charles Chaplin, das Genie aus der Pionierzeit.

AMS: Die Poesie des Charlie. Und die Philosophie. Wahrscheinlich die größte und bedeutendste erfundene Filmfigur. Bis heute. Clown im Inneren, im Äußeren. Tragik, Komik, da gehört und paßt alles zusammen.

Ob als Musiker, Regisseur oder Schauspieler – Charles Chaplin ist ein Meister seines Fachs

Ansatzweise waren Sie als Taxifahrer in »Night on Earth« so ein Clown.

AMS: Stimmt.

Was wäre dann Jack Lemmon, ein Clown, eine poetische Figur...?

AMS: Ich mag ihn. Aber man verbindet ihn immer nur mit komischen Rollen. In Wilders »Apartment« finde ich ihn großartig, weil er eigentlich eine furchtbar tragische Figur verkörpert. Wie ich überhaupt finde, daß ein großer Schauspieler in komischen Figuren das Tragische und umgekehrt suchen sollte. In »Manche mögen's heiß« ist er nur eine witzige Figur, trotzdem anrührend, eben Jack Lemmon. Er ist nie nur eins.

Fällt Kevin Costner auch in diese Kategorie?

AMS: Ja, er ist diese typische amerikanische Ein-Mann-Figur. Ob in »Robin Hood«, »Der mit dem Wolf tanzt« oder »The Untouch-

Jack Lemmon in dem Costa-Gavras-Thriller ›Vermißt‹

Würde keinen Socken von der Wäscheleine klauen. ›JFK‹-Star Kevin Costner

ables«, er ist immer derselbe. Er ist kein Veränderer. Ich weiß nicht, ob er, der erfolgreichste Mann Amerikas, sich davon wird lösen können. Er ist ein Rollen-Schauspieler, wie es Humphrey Bogart als zwielichtiger Kommissar war, wie es Charles Bronson oder Gary

Orson Welles (links), das vielleicht größte Genie der Filmgeschichte

Cooper gewesen sind. Im Prinzip waren die früheren Helden des amerikanischen Films allesamt festgelegte Seriendarsteller. Das hat sich erst durch die Europäer verändert, durch Olivier, durch Orson Welles.

Aber Orson Welles ist Amerikaner.

AMS: Ja, aber seine Vorbilder sind die klassischen britischen Shakespeare-Darsteller.

Sie sind also kein Rollen-Mann.

AMS: Absolut nicht. Obwohl... Ein großer Produzent sagte zu mir: »Mensch, mit dir könnte man doch noch ein Geschäft machen. Als ›dirty old German‹ bringe ich dich groß raus.« Er hat einen ganzen Abend auf mich eingeredet, und ich habe ihm zugehört. Ich will damit sagen, daß man, wenn man sich diesem Prinzip unterwirft, zwar Publikum gewinnen kann, aber als Schauspieler stagniert. Am besten vergleicht man einen Darsteller mit einer Geige. Wie sie hat auch er vier Saiten, er muß nur in der Lage sein, sie zu spielen.

In Deutschland wäre Ihnen ein solches Angebot sicher nicht gemacht worden.

AMS: Wenn wir eine funktionierende Filmindustrie hätten, vielleicht schon. Ich meine, nicht nur nach den Gesetzen der Marktwirtschaft, sondern nach den Gesetzen des Funktionierens. In Amerika werden Talente zu Stars aufgebaut, aber bei uns? Atze Brauner ist ja immerhin noch einer mit einer guten Nase fürs Geldverdienen. Aber er braucht Konkurrenten, die das Geschäft beleben würden, und die hat er nicht. Horst Wendlandt hat die Nase fürs Geld auch, aber macht doch nichts anderes als Otto und Loriot. Leider...

Kommen wir zu Ihnen zurück. Sie spielen Geige und sind Schauspieler. Warum entschieden Sie sich für letzteres?

AMS: Vielleicht, um meinem Vater Freude zu machen. Ein entscheidender Grund war, daß mein Vater, der von diesem Beruf immer träumte, nie Schauspieler werden durfte. Schauspieler zu sein war kein anständiger, kein bürgerlicher Beruf. Er hatte als Bankbeamter ein unerfülltes Leben. Überdies setzte er sehr schnell fünf Kinder in die Welt und mußte die Familie über Wasser halten. Dann wurde er am ersten Tag des Krieges eingezogen und ist wahrscheinlich am 8. Mai 1945 von den Deutschen erschossen worden.

Warum von den Deutschen? War er denn bei der russischen Armee?

AMS: Nein. Er war gerade auf dem Weg zu seiner Familie, die er liebte. Wir hatten einen Treffpunkt in der Nähe von Rostock ausgemacht. Ich vermute, er ist desertiert, um zu uns zu kommen – in den letzten Kriegstagen wurden Deserteure gehängt oder erschossen. Natürlich kann es auch sein, daß er an einer Krankheit gestorben ist. Erst 15 Jahre später haben wir vom Roten Kreuz erfahren, daß er in

Schönberg, da wo die Müllhalde ist, nur ein paar Kilometer von unserem Verabredungspunkt entfernt, umgekommen ist.

Und aus welcher Familie stammt Ihre Mutter?

AMS: Sie stammt aus einer Pastorenfamilie, und meine Großmutter gehörte zu baltischem, sehr traditionsbewußtem Adel. Eines Tages kommt nun ein Bankbeamter, der auch noch Müller heißt und gar nichts hat, daher. Aber meine Mutter war wirklich eine gütige Frau. Als mein Vater sie fragte, ob sie seine Frau werden wolle, sagte sie ja, weil sie ihn nicht verletzen wollte. Meine Mutter war naiv, aber gleichzeitig hatte sie diesen schwejkschen Schalk im Nacken – und sie liebte Sprachen, unter anderem sprach sie fließend Russisch, weil sie in Petersburg aufgewachsen war. Nach 1945 wurde sie vom KGB geholt. Sie mußte ihre Sachen mitnehmen und verschwand. Und wir wußten, wenn die jemanden holten, dann tauchte er nie wieder auf. Sie aber kam zwei Tage später wieder und sagte: »Alles ist gut, ich arbeite jetzt für den KGB.« Sie sollte, weil sie sehr fromm war, bei der Kirche Informationen einholen. Sie sagte in der Kirche, sie komme vom KGB, und sie möchte... Dem Pfarrer fiel die Kinnlade runter. Dann kam sie zum KGB-Offizier, und der fragte: »Na?« »Ja«, sagte meine Mutter, »ich habe in der Kirche gesagt, ich komme vom KGB«, und da fiel dem Offizier die Kinnlade runter. Und so wurde sie wieder nach Hause geschickt.

War Ihre Mutter nach dem Tod des Vaters mit der Erziehung der fünf Kinder nicht überfordert?

AMS: Nein. Sie war eine starke Frau. Nach 1945 hatte sie ihre große Zeit. Sie kümmerte sich nicht nur um uns Kinder, sondern auch um die anderen. Ich erinnere mich noch, daß viele Frauen zu uns kamen und übernachteten. Denn sie war die einzige, die den Russen die Stirn bot. Ich weiß nicht, wie viele Vergewaltigungen sie dadurch verhindert hat.

Sie sind nicht der einzige unter Ihren Geschwistern, der einen Künstlerberuf gewählt hat.

AMS: Nach dem Tod des Vaters wollten wir in gewisser Weise seinen Lebenstraum ausführen. Es kam einem Vermächtnis gleich, als wir dann alle geschlossen zum Theater gingen. Der eine wurde Regisseur, die andere Dramaturgin, die nächste Schauspielerin...

Mit Ihrem Bruder Hagen haben Sie gemeinsam fürs Fernsehen gearbeitet.

AMS: Richtig. Wir haben ein ZDF-Special zusammen gemacht und haben zahlreiche Pläne im Kopf. Aber seine wirklich große Zeit hatte Hagen beim Theater. Als Regisseur hat er die Schaubühne begründet, bevor Peter Stein sie übernahm. Nebenbei gesagt, mit ausgezeichneten Inszenierungen. Aber irgendwann begann er dann, neben dem Theater, Serien fürs Nachmittagsprogramm zu inszenieren – und das war alles Scheiß. Damals dachte ich schon, daß das niemand unbeschadet überstehen könne. Schade, er kann viel mehr...

Aber Ihre Ausbildung zum Schauspieler verlief auch nicht unbedingt geradlinig.

AMS: Genau ein Jahr habe ich Schauspielunterricht gehabt. Dann bin ich rausgeflogen, mangels Begabung. Manfred Krug ist übrigens zwei Jahre später aus demselben Grund von derselben Schule gefeuert worden. Eines Tages spielten wir beide dann gemeinsam mit unserem Schauspieldirektor, der uns damals rausgeschmissen hatte, in »Die Verschworenen«. Krug und ich gehörten mittlerweile zur Prominenz, und unser Lehrer hatte solche Hemmungen vor uns beiden, daß er kaum seinen Text sprechen konnte. Und Krug sagte zu mir: »Schau dir den an. Solange wir solche Kollegen haben, werden wir immer Arbeit finden.«

Ist Mueller-Stahl eigentlich ein Künstlername?

AMS: In gewisser Weise schon. Mein Vater hieß, wie bereits gesagt, Müller, und er fuhr mit seinen fünf Kindern in den Sommerferien auf die Güter eines Freiherrn von der Goltz, den die Schwester meiner Mutter geheiratet hatte. Dort, in der Nähe von Königsberg, habe ich einen Großteil meiner Kindheit verbracht. Und inmitten von Grafen, Freiherren und Baronen fühlte sich mein Vater mit diesem Namen sehr unwohl. Er war tief deprimiert und suchte lange nach einer Lösung, wie man »Müller« sozial ein bißchen aufwerten könnte. Er probierte es erst mit Mueller, wollte sich schließlich Mueller-Burghausen nennen und entschied sich dann für Mueller-Stahl. So fühlte er sich besser, weil er nun nicht mehr der arme Bankbeamte Müller war. Ich kann das sehr gut nachvollziehen. Ich kenne das aus meiner DDR-Zeit, als die reichen Westler rüberkamen, Geschenke mitgebracht haben und ich am liebsten gesagt hätte: »Packt das Zeug wieder ein und nehmt es mit. Ich mag das nicht, bin doch nicht der Neger der Nation.«

Wir haben gerade über Ihre Eltern und Ihre Geschwister gesprochen. Die Familie ist Ihnen ungeheuer wichtig.

AMS: Ja, auch heute noch. Der wichtigste Teil meines Lebens. Wenn ich einmal von meiner Frau getrennt bin, rufe ich mindestens einmal pro Tag an. Aber meine Privatsphäre gebe ich nach Möglichkeit kaum preis. Daß ich verheiratet bin und einen Sohn habe, ist bekannt, und dabei soll man's belassen.

Wie kommt ein Familienmensch mit Liebesszenen, an denen kein Schauspieler vorbeikommt, zurecht?

AMS: Schwierig. Solche Szenen müssen ja glaubwürdig wirken. Man muß einen Teil von sich preisgeben, den Zuschauer durch das Schlüsselloch schauen lassen. So etwas spiele ich immer mit gewissen Hemmungen. Die Schwierigkeit besteht darin, daß man mit dem Kopf arbeiten muß und noch dazu von Dutzenden Leuten umgeben ist, obwohl man eigentlich etwas sehr Intimes tut. Die Scheinwerfer brennen, man gerät ins Schwitzen und denkt nur noch an die Mittagspause. Ein besonders komisches Erlebnis hatte ich in dieser Hinsicht mit Jutta Hoffmann. Wir mußten in »Geschlossene Gesellschaft« eine Liebesszene spielen. Sie lag also auf mir, und wir liebten uns sozusagen. Als ich zu ihr aufblickte, sah ich, daß da etwas in ihrer Nase war, ein Popel. Den habe ich für den Rest der Einstellung fixiert. Sie können mir glauben, sexuelle Gefühle kommen in solchen Situationen erst gar nicht hoch.

Was halten Sie von Jutta Hoffmann, die als sehr schwierig gilt?

AMS: Jutta Hoffmann ist eine wirklich hervorragende Schauspielerin, aber... beim Drehen war sie manchmal wirklich unausstehlich. Oft hatte sie an jeder Szene etwas auszusetzen und ließ auch an keinem der Mitspieler ein gutes Haar. Keiner war gut genug. Nicht der Regisseur, nicht der Kameramann, nicht der Partner. Aber wenn es darauf ankam, war sie voll da.

War Hanna Schygulla genauso schwierig?

AMS: Da lag der Fall anders. Ich glaube, sie war eifersüchtig auf mich, weil ich in »Lola« eine Hauptrolle gespielt hatte und sie – der Fassbinder-Star – nicht. Als ich sie bei den Dreharbeiten zu »Eine

Hanna Schygulla als ›Lili Marleen‹

Armin Mueller-Stahl sieht sich in seinem Selbstporträt als Clown

Liebe in Deutschland« begrüßen wollte, reagierte sie kaum. Sie probte den Weltstar, sie hatte den größeren Wohnwagen, die größere Gage, war überhaupt mehr. Ihrer Ansicht nach.

Ein guter Moment, um über den Menschen, der sich hinter dem Schauspieler Armin Mueller-Stahl verbirgt, zu sprechen. Welchen Freizeitbeschäftigungen gehen Sie, mal abgesehen von der Malerei, nach?

AMS: Malerei, das ist mehr als ein Hobby. Wenn ich alles zusammennehmen würde, was ich im Laufe meines Lebens gemalt und gezeichnet habe, dann käme schon ein richtiges Werk zustande. Für mich gehören Schauspielerei, Malerei, auch die Schreiberei zusammen. Andere Hobbys habe ich nicht – außer vielleicht spazierengehen, segeln, Ferien machen, faul sein.

Leben Sie ökologisch bewußt?

AMS: Ich weniger, aber meine Frau kümmert sich um die Entsorgung von Glasflaschen und Altpapier. Gerade haben wir uns Fahrräder angeschafft und radeln leidenschaftlich. Außerdem werden wir uns irgendwann einmal ein Auto mit einem Elektromotor anschaffen. Mein Sohn macht aus ökologischen Gründen auch keinen Führerschein. Ich finde, die Natur ist unser Lebensfundament, und ich werde mich sicher nicht an ihrer Zerstörung beteiligen.

Legen Sie Wert auf besondere Kleidung?

AMS: Nicht, daß ich wüßte. Ich habe nur am Set zu »Music Box« einmal darüber nachgedacht, ob man in meinem Alter eigentlich noch Jeans tragen darf. Denn Costa-Gavras, der ungefähr in meinem Alter ist, hat nur feine Hosen und Pullover an. Und just in dem Moment, als diese Gedanken durch meinen Kopf gehen, fragt mich Costa: »Wo kann man eigentlich die Jeans, die du da trägst, kaufen?« Damit war ich auch schon wieder beruhigt.

Haben Sie Laster?

AMS: Nein, ich rauche nicht, und ich trinke nicht.

Sie trinken keinen Alkohol?

AMS: Nein, aus einem einfachen Grund: Er bekommt mir nicht. Viele brauchen ja das Trinken, um zu kommunizieren oder um ihr verkommenes Leben verdrängen zu können. Auch auf der Bühne habe ich mir das Trinken nie angewöhnt, denn ich wußte, wie leicht man da in eine Abhängigkeit geraten kann. Wenn ich heute viel trinke, wird mir schlecht, muß ich kotzen. Und was soll ich dann mit solch einem verkorksten Tag anfangen? Wer sich etwas davon verspricht, der soll es ruhig machen. Aber steter Tropfen höhlt den Stein, und mit 60 Jahren hat man dann lauter Löcher im Kopf. Nebenbei gesagt, die kriegt man auch ohne Alkohol.

Worüber können Sie lachen?

AMS: Das nimmt leider mit steigendem Alter immer mehr ab. So richtig gelacht habe ich über Chaplin bei »Goldrausch«, und bei der Boxkampfszene in »Lichter der Großstadt« hat mir der Bauch weh getan. Das waren Höhepunkte. Heute suche ich mir gerne Leute aus, die Witze erzählen. Ich bin ganz wild auf solche Menschen, weil ich selbst alles andere als ein Witzeerzähler bin.

Worüber können Sie weinen?

AMS: Merkwürdigerweise über Perfektion. Wenn ich ein ausgezeichnetes Klavierkonzert höre, kommen mir manchmal die Tränen.

Wovor haben Sie Angst?

AMS: Ich habe einmal eine Reihe von Ängsten irgendwo aufgeführt, und ich weiß noch, der letzte Punkt war, daß mein Tod nicht bemerkt würde, außer durch meine zurückgelassene Unordnung. Manchmal aber sind es nur Tagesdispositionen: Auf einmal spüre ich, daß ich vor dieser oder jener Szene Angst habe, oder ich entdecke, daß ich schlechter bin als die Leute immer angenommen haben. Vor dem Tod fürchte ich mich allerdings nicht, aber vor dem Sterben. Ich habe Angst, irgendwann einmal dahinzusiechen und jemandem zur Last zu fallen. Aber das kann man dann auch nicht mehr ändern. Das ist wohl auch eine andere Frage, die nicht hierher gehört. Es gibt viele Leute, die aus meinem Leben bereits verschwunden sind, und trotzdem spüre ich noch eine Verbindung zu ihnen. Ja, das sind die Unerklärbarkeiten, mit denen wir es mehr und mehr zu tun haben.

Sind Sie ein gläubiger Mensch?

AMS: Es gibt zahllose Menschen, die nach etwas suchen, an das sie glauben können. Ich bin da frei, ich brauche keine Religion, keine Kirche und auch keinen Pfarrer. Im Gegenteil, so etwas wirkt eher abstoßend auf mich. Ich bin auf meine Weise gläubig. Das ist kein Widerspruch. Wenn ich mir die Kirchengeschichte betrachte und sehe, was gerade dort an Unrecht geschehen ist. Nein, damit kann und will ich mich nicht identifizieren.

Sind Sie ein politischer Mensch?

AMS: Ich interessiere mich für die aktuellen weltpolitischen Ereignisse. Gerade in dieser Zeit, in der wir den Kommunismus verloren haben. Nicht den real existierenden – daß der nicht mehr existiert, ist gut. Aber verloren haben wir die Ideen der Französischen Revolution, den Menschheitsgedanken, vergessen auch Gerechtigkeit und Freundlichkeit als Gedanken. Alles, was wir jetzt noch behalten haben, ist die freie Marktwirtschaft, also Geld, Knete und das Prinzip: Der Stärkere gewinnt. Aber sehr bald werden die Menschen wieder damit beginnen, nach einer Utopie zu suchen. Dabei halte ich das demokratische Modell, sowenig funktionstüchtig es auch ist, nach wie vor für das kleinste Übel.

Welches waren Ihre ersten Gedanken nach dem Mauerfall?

AMS: Zu diesem Zeitpunkt war ich gerade in Baltimore mit »Avalon« beschäftigt. Als ich nach einem 18stündigen Drehtag in mein Hotelzimmer kam, machte ich den Fernseher an und glaubte zunächst, ich sähe einen Film. Auch als ich die Menschen mit Freudentränen auf und neben der Mauer sah, konnte ich es noch nicht fassen. Ich schaltete den Fernseher aus, ging duschen und anschließend zu Bett. In dieser Nacht träumte ich, daß die Mauer gefallen ist. Gleichzeitig aber realisierte ich: Schade, das ist nur ein Traum. Erst am nächsten Morgen konnte ich mich mit diesem Gedanken überhaupt anfreunden. Ich spürte schon, daß etwas in der Luft lag, aber ich vermutete, daß sich die Grenze zunächst allenfalls etwas lockern würde. Ich habe dieses Ereignis wirklich mit großem Herzklopfen verfolgt.

Was bedeuten Ihnen Auszeichnungen und Ehrungen?

AMS: Als mal von einer Oscar-Nominierung die Rede war, war ich schon gespannt. Aber das lag mehr an den Leuten, die pausenlos auf mich eingeredet haben. Als ich dann die Nachricht von meiner Nicht-Nominierung erfuhr, habe ich gesagt »Scheiße« und bin anschließend zur Tagesordnung übergegangen. Wissen Sie, ich kann ja mein Leben nicht nach Preisen aufbauen. Wenn ich einen bekomme, freue ich mich, das leugne ich nicht. Aber das Verteilen der Preise ist im Prinzip eine politische Angelegenheit. Da geht es nicht wie beim 100-Meter-Lauf zu, wo der Schnellste gewinnt. Um in Hollywood eine Auszeichnung zu bekommen, muß man eine Lobby hinter sich haben, und die habe ich wirklich nicht.

Aber nach Ihren eindrucksvollen Rollen in »Avalon« und »Music Box« dürften Sie doch in den USA auf sich aufmerksam gemacht haben.

AMS: Das schon. Das Interessante ist, daß ich in Amerika für einen Juden gehalten werde. Seit »Avalon« bin ich für sie ein Jude. In einem Interview wurde ich gefragt: »Wie, sagten Sie, ist Ihre jüdische Familie aus Rußland hierhergekommen?« Darauf ich: »Sorry, ich bin nicht jüdischer Abstammung.« Danach sah mich mein Interviewpartner an und sagte: »Sie sind ein Jude, ich gebe Ihnen mein Ehrenwort. Einer, der so überzeugend einen Juden spielt, ist und bleibt ein Jude.« Irgendwann habe ich es aufgegeben, ihnen zu widersprechen.

Wie reagieren Sie auf Kritiker?

AMS: Wie fast alle anderen. Werde ich gelobt, ist es gut, werde ich kritisiert, ist es schlecht. Ich habe mal den Kritiker des Kritikers gefordert. Tatsächlich machte mir eine Zeitung den Vorschlag, dieses zu tun. Einmal wöchentlich kritisiert die Macherseite die Kritikerseite. Doch plötzlich merkte ich, daß ich keinen Ansatz finden konnte – und eine Kritik im herkömmlichen Sinn wollte ich nicht schreiben. Ich wollte mich ja nicht über jemanden lustig machen. Diese Geschichte war mit ein Grund, daß ich mein Buch »Drehtage Music Box Avalon« geschrieben habe.

Stehen Sie also mit Kritikern auf Kriegsfuß?

AMS: Nein, denn letzten Endes sehnt sich ja auch der Kritiker nach einem Kritiker. Er strebt ja auch nach Ruhm. Der Mensch läuft doch dem Erfolg hinterher wie der Hund nach dem Stöckchen. Aber unter den Kritikern werden nur wenige ernst genommen, weil man bei den meisten nur das Zynische merkt, und Zynismus ist eine miese Haltung.

Ist denn wenigstens die Schauspielerei ein ehrenwerter Beruf?

AMS: Wenn man sie ernst nimmt, sicher. Wenn sie aber nur als Mittel zum Geldverdienen angesehen wird, ist sie, glaube ich, nicht ehrenwert. Denn damit tötet der Schauspieler jegliche Phantasie, und die muß man von Kindheit an immer bei sich tragen. Ein Schauspieler ist ein Utopienträger, er ist seriös und unseriös. Aber was bedeutet das schon. Sind Politiker seriös?

Kaum.

AMS: Ich denke häufig darüber nach. Als ich vor Jahren in Cannes mit Yves Montand, mit dem ich in Costa-Gavras einen gemeinsamen Freund habe, zusammentraf, haben wir über dieses Thema gesprochen. Damals wurde er immer aufgefordert, sich als Kandidat für die Präsidentschaftswahlen in Frankreich aufstellen zu lassen. Dazu erwiderte er: »Das kann ich nicht. Das einzige, was ich gelernt habe, ist schauspielen und singen. Ich weiß, daß dies nicht das Wichtigste auf der Welt ist, aber ich tue es.« Ich habe ihm widersprochen. Denn ist es wirklich wichtig, Politiker zu sein und Waffen, die die Welt tausendfach zerstören können, anzuhäufen? Sind nicht die Schauspieler, die Autoren, die Produzenten, also die Verbreiter von Utopien, wirklich wichtig? Denn eine Menschheit ohne Utopien ist eine Menschheit ohne Aussichten. Ich will damit sagen, daß ich wirklich nicht weiß, was ein ehrenwerter Beruf ist. Früher hieß es noch: »Wäsche weg, die Komödianten kommen.« Heute sind doch die Filmschauspieler die wahren Götter. Glauben Sie im Ernst, ein Kevin Costner, der 20 Millionen Dollar pro Film macht, wird noch eine Socke von einer Wäscheleine klauen wollen? Heute hat sich alles umgekehrt. Die Schauspieler haben deshalb die ehrenwertesten Berufe, weil sie ein hohes soziales Prestige besitzen. Sie werden nicht dadurch berühmt, daß sie jemanden ermordet haben, sondern weil sie Faxen machen, die Leute zum Lachen bringen können oder zum Weinen. Ich würde trotzdem sagen, es ist eine Mischung von beidem, von Seriosität und Unseriosität – wie alle anderen Berufe auch, nebenbei gesagt.

Welchen Stellenwert besitzt für Sie die Schauspielerei im Vergleich zur Musik, zur Malerei und zum Schreiben?

AMS: Der Schauspieler ist nur ein Interpret. Der Maler und der Schreiber sind in gewissem Sinne kreativer. Als Autor muß man an den Kern der Dinge herangehen. Das geht an die Substanz. Dem Komponisten geht es ähnlich wie dem Maler und dem Schriftsteller, mit einer Ausnahme – er benötigt das Leben nicht. Er kann wirklich aus dem Himmel schöpfen. Der Maler aber ist abhängig von dem, was sein Auge sieht.

Wenn es Sie stört, daß der Schauspieler nur Interpret ist, warum führen Sie nicht Regie?

Ölbild Armin Mueller-Stahls

AMS: Es zieht mich nicht sehr hinter die Kamera. Wenn ich in der DDR meine Geschichten hätte erzählen können, wäre das schön gewesen. Doch dort wollte ich nicht. Wenn mein Großvater so klug gewesen wäre, nicht nach Deutschland, sondern nach Amerika zu gehen, wäre ich ein amerikanischer Star geworden, vielleicht. Dann hätte ich die Möglichkeit gehabt, meine Filme zu machen. Keine teuren Werke, sondern Low-Budget-Filme. So wie Jim Jarmusch oder Woody Allen.

Mit welchen Regisseuren würden Sie denn gerne einmal zusammenarbeiten?

AMS: Mit Martin Scorsese oder mit John Boorman. Mit Boorman habe ich schon über eine Zusammenarbeit nachgedacht. Ich habe

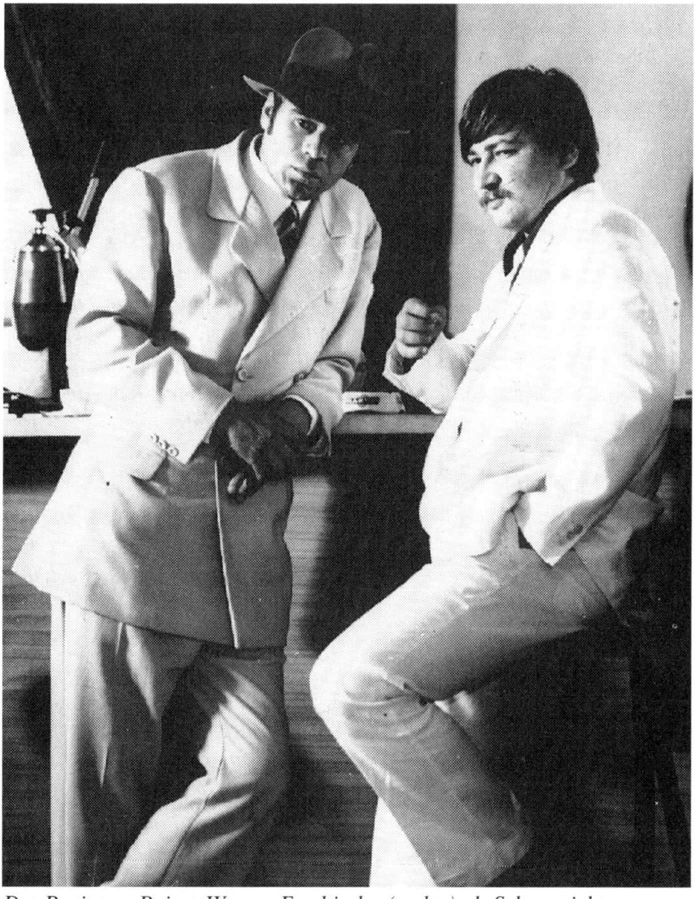

Der Regisseur Rainer Werner Fassbinder (rechts) als Schauspieler in ›Warnung vor einer heiligen Nutte‹

sogar schon ein wunderbares Drehbuch namens »Broken Dream« gelesen, das er realisieren will. Ich hoffe, daß dieses Projekt zustande kommt – denn ich habe mich auf Anhieb mit ihm verstanden. Boorman erzählte mir, daß er sich früher nicht länger als 14 Tage im voraus verabreden konnte, weil er immer in der Angst lebte, er könne sterben. Jetzt hat sich das gelegt, er ist ruhiger geworden.

Sie sprechen nur über englischsprachige Regisseure. Was ist mit den Deutschen?

AMS: Im Moment habe ich die englischsprachigen lieber, weil sie die besseren Filme machen.

Was war mit Fassbinder?

AMS: Wenn wir überhaupt jemals eine zentrale Filmfigur hatten, dann war es Rainer Werner Fassbinder. Er hat den deutschen Nachkriegsfilm geprägt. Selbst in Amerika kennt ihn heute jeder als Person, obwohl man seine Filme nicht unbedingt schätzt. Er war ein Mann, der gemacht hat, was er wollte. Deshalb genießt er wohl auch heute noch so einen Respekt. Ich persönlich kann nur gute Geschichten über ihn erzählen. Fassbinder war genau das Gegenteil von mir: spontan, direkt, aber auch korrekt. Er konnte sagen: »Mensch, du bist einfach hinreißend«, und am nächsten Tag stand es auch so in der Zeitung. Einmal habe ich erlebt, wie er eine Regieassistentin mit einer Bockwurst zergte. Er piesackte sie genußvoll. Ich stand dabei und sagte zu dem Mädchen: »Gehen Sie doch einen Meter zurück, dann haut er in die Luft.« Damit wollte ich ihn natürlich piesacken. Ich konnte mir das leisten, denn ich wollte kein Fassbinder-Schauspieler werden. Ich bin ein Solist, ich brauche keine »Familie«.

War Fassbinder denn Ihr wichtigster Regisseur?

AMS: Das kann ich nicht beantworten. Im Prinzip bin ich selber mein wichtigster Regisseur. Ich bin lange genug im Geschäft, um eigene Ideen einzubringen. Ich kann mich notfalls auch gegen meinen Regisseur durchsetzen. Im Prinzip folge ich drei Regisseuren: dem eigenen im Kopf, zuständig für die Konstruktion, dem eigenen im Buch, zuständig für die Emotionen, und dem anderen hinter der Kamera.

Und Frank Beyer?

Ein DDR-Weggenosse Armin Mueller-Stahls: Regisseur Frank Beyer

AMS: In einer bestimmten Phase meiner DDR-Zeit war Frank Beyer wichtig für mich. Aber heute, ich weiß nicht, wir bräuchten einen Stoff. Wir haben einen gemeinsamen Weg beschritten, aber dieser ist gestoppt worden.

Neben Frank Beyer war Konrad Wolf wohl einer der wichtigsten Filmemacher der DDR. Warum haben Sie nie unter ihm gespielt? Alle anderen wichtigen DDR-Regisseure tauchen in Ihrer Filmographie auf.

AMS: Das hatte private Gründe. Vielleicht, wer weiß... Ich war damals mit einer jungen Schauspielerin, sie hieß Christel Bodenstein, zusammen. Ich hatte sie bei den Dreharbeiten zu Dudows »Christi-

Begabter Schwimmer, begabter Filmemacher: Konrad Wolf

ne« kennengelernt. Konrad Wolf hat dann etwas gemacht, was man unter zivilisierten Leuten nicht tut. Es gibt ja dieses ungeschriebene Gesetz, das lautet: Deine Freundin ist deine Freundin, meine Freundin ist meine Freundin. Auf jeden Fall hat er mit ihr auf dem Filmfestival von Helsinki ein Verhältnis angefangen und sie später sogar geheiratet. Ich war der Gehörnte bei dieser Geschichte.

Aber das kann unter Profis doch nicht der einzige Grund sein.

AMS: Ich erinnere mich an ein weiteres merkwürdiges Erlebnis mit Konrad Wolf. Eines Tages gingen wir mit unserem gemeinsamen

Freund, dem Autor Wolfgang Kohlhaase, zum Segeln. Da es heiß war, sprangen wir ins Wasser. Plötzlich entwickelte sich eine Art Wettschwimmen. Als ich das merkte, schwamm ich in eine andere Richtung. Ich wollte mit Konrad – im Gegensatz zu ihm – nicht in Konkurrenz treten. Er wollte das, und weil ich das spürte, wollte ich das nicht. Vielleicht hatte ich auch Angst zu verlieren.

Kehren wir zu den Regisseuren zurück, mit denen Sie zusammengearbeitet haben. Wie haben Sie Peter Patzak im Gedächtnis?

Zwei Seelen in einer Brust. Der Jurist und Filmemacher Dr. Norbert Kückelmann

AMS: Er trägt eine schwere österreichische Seele in sich. Ich halte viel von ihm. Er ist begabt. Viel Phantasie. Er könnte einer der großen Regisseure sein.

Norbert Kückelmann.

AMS: Ich glaube nicht, daß man heute Regie führen kann, wenn man auch noch einen anderen Beruf ausübt. (Norbert Kückelmann betreibt in München eine Anwaltskanzlei, Anm. d. Aut.)

Bernhard Wicki.

AMS: »Das Spinnennetz« ist ein ausgezeichnet gemachter Film. Wicki ist zwar ein Stinkstiefel, aber damit kann man leben. Ich halte ihn für einen großen europäischen Filmemacher. Vielleicht einer der größten, den Deutschland je hatte.

Agnieszka Holland.

AMS: Sie ist eine tolle Schreiberin, eine starke kleine Figur. Aber sie braucht am Drehort die Spannung. Ich habe sie morgens bei der Arbeit zu »Bittere Ernte« immer mit »mon général« begrüßt. Wenn sie sich abends die Muster angesehen hat, war sie mit nichts zufrieden.

Bernhard Wicki, Regisseur des Meisterwerks ›Das Spinnennetz‹

Jim Jarmusch, der große Organisator

Als sie sich deshalb bei mir beschweren wollte, habe ich erwidert: »Wenn du Spannung brauchst, geh' zu den anderen. Ich setze mich schon selbst unter Spannung.«

Axel Corti.

AMS: Mit ihm habe ich meinen besten TV-Film gemacht: »An uns glaubt Gott nicht mehr«. Auch jemand, der Spannung braucht. Einmal regte er sich auf, als die Kleindarsteller Tee tranken. Im Winter. Er schimpfte: »Nichts mehr zu trinken geben, sonst laufen alle zum Pinkeln. Dabei brauche ich sie hier.« So was kann man denken, aber nicht äußern.

Jim Jarmusch.

AMS: Er ist ein großer Organisator von Leuten, die er für sich und seine Geschichten nutzen kann. Er läßt den Schauspielern unheimliche Freiheiten. »Night on Earth« hätte eine traurige Geschichte werden können, aber am Schneidetisch hat er aus dem Material einen völlig anderen Film gemacht – eine Komödie.

Steven Soderbergh.

AMS: Er ist der Intellektuelle. Ich bin ganz sicher, daß er sich bald zurückziehen und Bücher schreiben wird. Er braucht die Einsamkeit. Deswegen liebt er auch die Periode des Schneidens. In dieser ruhigen Zeit, wo er alleine mit seinem Werk ist, blüht er vollkommen auf.

George Sluizer.

AMS: Der Holländer ist ein Mann des Aprilwetters, immer mal anders. Ich muß ihm aber große Anerkennung aussprechen. Er hat bei »Utz« kolossale Arbeit geleistet und die verschiedenen Zeitebenen wunderbar miteinander verwoben. Er hat aus geringen Möglichkeiten viel gemacht.

Billy Wilder.

AMS: Vor nicht allzu langer Zeit habe ich mich mit ihm getroffen. Eigentlich wollte ich ihn überreden, einen Film zu machen. Ich wußte aber, daß es Quatsch ist, weil er bald 90 Jahre alt wird. Er kann kein Geld mehr auftreiben. Die Branche setzt kein Vertrauen mehr in ihn, seit sein ständiger Drehbuchautor I.A.L. Diamond 1988 gestorben ist. Es wurmt ihn furchtbar, daß man John Huston noch vom Rollstuhl aus, mit Schläuchen in der Nase, »The Dead« inszenieren ließ, und ihm so etwas nicht zutraut.

Haben Sie noch weitere solcher wichtigen Begegnungen gehabt?

AMS: Für mich sind alle Begegnungen wichtig, die in einem herzlichen Rahmen ablaufen. Merkwürdigerweise sind es selten die großen Namen, die mich interessieren. Wenn ich mit einem großen Mann zusammensitze, ist das nicht unbedingt abendfüllend für mich, vor allem, wenn dieser Mensch nur Bewunderer um sich haben will. Aber ein Erlebnis fällt mir jetzt doch noch ein. Ich war mit meiner Frau auf einem Empfang, auf dem Helmut Schmidt sein neues Buch vorstellte. Der Produzent Trebitsch kam auf mich zu und begrüßte mich mit den Worten: »Das ist das Schöne bei Ihnen. Sie

Oben: Legenden unter sich: Billy Wilder und Marlene Dietrich

Rechts: ›Ein Mann des April-Wetters‹ – George Sluizer

muß man nie vorstellen. Sie kennt jeder.« Später ging ich also zu Herrn Schmidt und sagte meinen Namen. Darauf erwiderte er: »Lauter bitte.« Ich wiederholte meinen Namen etwas lauter und wußte in dem Moment bereits, daß er mit mir überhaupt nichts anfangen konnte. Diese Erfahrung hat mir noch ein weiteres Problem vor Augen geführt: Daß er meinen Namen nicht kannte, geht schon in Ordnung, aber es beweist mir, daß wir keinen deutschen Film haben und daß er sicher nichts dafür getan hat, an dieser Tatsache etwas zu ändern.

Haben Sie nicht auch, als Sie in Kuba drehten, Fidel Castro kennengelernt?

AMS: O ja, Castro war ein großartiger Schauspieler. Eine Führungsfigur, wie sie im Buche steht. Ich glaube, der Castro wurde vielfach unterschätzt. Ich habe mit Kubanern gesprochen, die haben mir wahre Wunderdinge erzählt. Zum Beispiel macht es keinen Unterschied, ob sie als Filmtechniker in Hollywood oder in Kuba ausgebildet werden. Das kubanische Bildungssystem funktioniert mindestens ebenso gut. Das gleiche gilt für die Medizin. Auch habe ich dort Behindertenschulen gesehen, von denen wir im Westen nur träumen können.

Wir haben nun von zahlreichen bekannten Persönlichkeiten gesprochen. Wie kommen Sie mit Ihrem Ruhm, besonders in bezug auf die Öffentlichkeit, zurecht?

AMS: Ich habe damit erstaunlich wenig Probleme. Es gab mal eine Zeit in der DDR, als ich in diesen Serien »Das unsichtbare Visier« und »Flucht aus der Hölle« spielte, da wurde ich plötzlich zum Besitztum der Bevölkerung. Das hat mich zunächst natürlich gefreut. Aber schon bald wurde es mir lästig, ständig von wildfremden Menschen geduzt zu werden. Erst, als ich die DDR verließ, änderte sich alles schlagartig. Im Westen habe ich seitdem nicht nur die unterschiedlichsten Rollen gespielt, sondern auch das entscheidende Alter erreicht. Denn mit 50 wird man ernster genommen als mit 30, das ist ein merkwürdiges Phänomen. Als ob einer, der 50 ist, mehr zu sagen hätte. Mein Sohn traf die Problematik auf den Kopf, als er zu mir sagte: »Ihr werdet gar nicht weise, ihr werdet nur älter.« Abgesehen davon konnte mich das Publikum im Westen nie richtig einschätzen. Wenn ich also heute in ein Restaurant gehe, dann bleiben die Menschen – auch wenn sie mich erkennen – auf Distanz. Ich bin einfach nicht so ein Typ wie der Pfitzmann, dem man in der Kneipe mal eben auf die Schulter klopft. In Amerika verhält es sich wiederum anders. Dort bin ich zwar in weiten Teilen unbekannt. Aber in den Filmhochburgen gibt es eine größere Anteilnahme, die auch nicht geheuchelt ist. Denn Film hat drüben einen ganz anderen Stellenwert. Ich nehme diesen Trubel in Kauf, denn ich kenne es seit meinem 28. Lebensjahr nicht anders, wenn auch in den verschiedensten Schattierungen.

Wie werden Sie Ihr Leben fortsetzen?

AMS: Jetzt mache ich erst mal eine Pause. Man muß doch einmal folgendes sehen: Als ich ungefähr 60 war, hat sich für mich die Tür nach Amerika geöffnet, und da konnte ich nicht die nächsten fünf Jahre untätig herumsitzen. Es hat sich auch gelohnt. In Amerika habe ich meine bisher schönsten und wichtigsten Filme gemacht. Zehn Jahre sind schnell vorbei, dann bin ich 70, dann hat sich's ausgedreht. Aber nun bin ich in einer Situation, in der ich es mir leisten kann, richtig Ferien zu machen. Aber im Sommer beginne ich mit zwei Filmen.

(Das Gespräch mit Armin Mueller-Stahl fand vom 31. Januar bis 2. Februar 1992 in Hamburg und Sierksdorf statt)

Programmheft zu Armin Mueller-Stahls erstem Spielfilm

Von Glücksfällen, einem Ekelpaket und einer saftigen Grippe

Wissenswertes und Belangloses zu Armin Mueller-Stahls Kinofilmen

Heimliche Ehen

Inhalt: Seit Jahren haben Berliner Architekten versprochen, für Eschenhöhe ein neues Dorf zu bauen. Aber bisher hat es nicht einmal zu einem Schweinestall gereicht. Denn Chefarchitekt Steinschneider (Theo Shall) und sein technischer Direktor Trucks (Paul Heidemann) haben andere Pläne. Mit ihrem Projekt »Neue Stadt«, an dem auch Raugraff (Franz Kutschera), der beste Architekt im Umkreis, beteiligt ist, wollen sie das Preisausschreiben für neue deutsche Architektur gewinnen.
Doch erst einmal müssen die Gegner mundtot gemacht werden. Frau Oberlin (Marga Legal), eine unbequeme, jedoch vom verdienstvollen Architekten Hillenbrand (Eduard von Winterstein) protegierte Mitarbeiterin des Instituts, wird kurzerhand durch Hanni Gutzeit (Helga Jordan) ersetzt. Doch auch die Neue hat das Spiel durchschaut. Während Steinschneider durch die Hochzeit seiner Tochter Lilli (Margret Stange) mit Raugraff seine »Hausmacht« vergrößern will, suchen die Gegner des Projekts »Neue Stadt« verzweifelt nach einer Lösung. Ausgerechnet Lilli hat die rettende Idee: Unter dem Stichwort »Heimliche Ehen« will man Steinschneiders Vetternwirtschaft mit dessen eigenen Waffen schlagen.
Unter Ausschluß der Öffentlichkeit wird ein Termin beim Standesbeamten anberaumt: Lilli heiratet ihre große Liebe Norbert (Armin Mueller-Stahl) und Hanni Gutzeit den Architekten Raugraff, mit dem sie heimlich einen Entwurf für Eschenhöhe ausgearbeitet hat. Als Trauzeugen fungieren Frau Oberlin und der alte Hillenbrand.
Der Tag der Preisverleihung bringt Klarheit für alle: Das Projekt von Hanni und Raugraff gewinnt den ersten Preis. Jetzt können die heimlichen Ehen endlich bekanntgegeben werden. Ganz Eschenhöhe feiert – nur der skrupellose Steinschneider steht zum Schluß mit leeren Händen da.

Zum Film: Im Jahre 1955 tritt Armin Mueller-Stahl zum erstenmal in einem Kinofilm auf. Unter der Regie von Gustav von Wangenheim spielt er den gutaussehenden jugendlichen Liebhaber Norbert. Diese eher unbedeutende Nebenrolle, die große Verwandtschaft zu seinen bisherigen Theaterparts aufweist, führt ihn erneut mit der deutschen Bühnenlegende Eduard von Winterstein, der eigentlich Freiherr von Wangenheim heißt und der Vater des Regisseurs ist, zusammen. Der 1871 in Wien geborene Mime kam 1903 an Max Reinhardts Deutsches Theater, dem er bis 1938 die Treue hielt. Nach einem Zwischenspiel am Berliner Schiller-Theater kehrte er 1945 zum Deutschen Theater zurück. Diesem Ensemble gehörte er dann bis zu seinem Tod 1961 an. Eduard von Winterstein arbeitete mit fast allen großen deutschen Regisseuren und Schauspielern zusammen und wirkte in 168 Filmen mit.

Zitate:
»Mit Eduard von Winterstein habe ich auf der Bühne gespielt. Er war der berühmteste Nathan, und heute streitet man sich, wer besser war, der große Paul Wegener oder er. Sein Sohn Gustav, der bei »Heimliche Ehen« Regie führte, war genauso ein quirliger Kopf wie sein Vater – und der Vater war für mich der Inbegriff einer wandelnden Bibliothek.
Ich erinnere mich an eine Episode, die ihn ganz gut von einer anderen Seite charakterisiert. Wir standen zusammen, als ein Schwarm junger Studentinnen an uns vorbeiging. Wir guckten alle den Frauen hinterher, aber Gustav – der war da schon an die 80 – schaute am längsten hin. Da sagte ich: ›Gustav, komm wieder auf den Boden.‹ Daraufhin schaute er mich mit groß aufgerissenen Augen an, hob seinen Finger und erwiderte: ›Die Augen bleiben immer jung, das wird dir auch noch mal passieren.‹
Der Film war kein großer Erfolg. Ich habe mich bei der Premiere richtig geschämt. Am liebsten wäre ich aus dem Kino gelaufen. Eigentlich habe ich in dieser Zeit nur Theater gespielt. Ich hatte auch, ehrlich gesagt, kaum Angebote. Und die wenigen, die kamen, durfte ich nicht machen, weil ich Bühnenverpflichtungen hatte. Später war es dann umgekehrt.« (Armin Mueller-Stahl)

»Intrigen im Institut für Bauwesen: Man will statt Schweineställe neue Städte projektieren. Aber das Schicksal meint es gut mit dem betroffenen Dorf und verhilft zu Einsicht und Bauplänen. Künstlerisch völlig niveauloser DEFA-Lustspielfilm.« (Filme in der DDR 1945–86, Verlag Katholisches Institut für Medieninformation e.V.)

Fünf Patronenhülsen

Inhalt: Während des spanischen Bürgerkrieges erhalten fünf Interbrigadisten unterschiedlicher Nation im von Franco besetzten Gebiet von ihrem sterbenden Kommissar (Erwin Geschonneck) einen streng geheimen Plan, den sie durch feindliches Gebiet bringen sollen. Dieser Plan wird in fünf Patronenhülsen versteckt, von denen jeder einzelne eine erhält.
Von dieser gemeinsamen Verantwortung beflügelt, erwachsen den fünf Soldaten schier übermenschliche Kräfte. Im Kampf gegen die Unbilden der Natur und gegen den unmenschlichen Gegner versucht sich das Quintett durch Feindesland zu schlagen und auf die andere Seite des Ebro-Flusses in Sicherheit zu bringen. Die Strapazen werden immer unerträglicher. Es kommt zu zahlreichen Konfliktsituationen unter den Kameraden, die zunächst noch gemeistert werden können. Doch der heiße Wüstensand ist unbarm-

Armin Mueller-Stahl (rechts oben) als Held wider Willen in ›Fünf Patronenhülsen‹

herzig. Während der Russe Wasja (Ulrich Thein) alptraumhafte Durstphantasien erlebt, verläßt der Franzose Pierre (Armin Mueller-Stahl), halb wahnsinnig vor Durst, die Truppe und wird wenig später von den Faschisten erschossen.
Am Ende eines langen und qualvollen Marsches erfahren die Interbrigadisten die Wahrheit über ihren Plan: Er enthält in Wirklichkeit keine militärischen Geheimnisse, sondern lediglich die Aufforderung, auf Gedeih und Verderb zusammenzuhalten. Dieser List haben es schließlich vier Soldaten zu verdanken, daß sie unversehrt durch die feindlichen Linien schlüpfen konnten.

Zum Film: 1960 tritt Armin Mueller-Stahl zum erstenmal in einem Kinofilm unter der Regie von Frank Beyer auf. Mit diesem sollte er noch fünfmal – »Königskinder«, »Nackt unter Wölfen«, »Die sieben Affären der Dona Juanita« (vierteiliger TV-Film), »Jakob der Lügner« und »Geschlossene Gesellschaft« (TV-Film) – erfolgreich zusammenarbeiten.
An dieser Stelle sei festgestellt, daß aus der Funktion des Films in der DDR sich die Forderung an den Regisseur erklärt, in erster Linie Vermittler einer Botschaft zu sein und erst in zweiter Linie Unterhaltung zu liefern. Gelingt es dem Regisseur, seine Aussage so geschickt mit der Unterhaltung zu verknüpfen, daß der Film ein großer Publikumserfolg wird, so hat er seine Aufgabe in den Augen der Partei optimal gelöst. Zwei entscheidende Faktoren kennzeichnen den DDR-Regisseur:
– Er ist geprägt von Filmen der östlichen Kinogroßmächte, hauptsächlich der UdSSR und der ČSSR.
– Er muß linientreu sein, da die Gesamtproduktion in den Händen des Staates liegt. Dies bedeutet nicht, daß nicht auch Lücken und Schwächen des Systems aufgezeigt werden dürfen.
Solange der Regisseur den grundlegenden kulturpolitischen Leitlinien treu bleibt, hat er weitgehende Freiheiten und findet dadurch in vieler Hinsicht bessere Produktionsbedingungen vor als sein Kollege im kommerziellen Filmbetrieb. Häufig hat ein Regisseur einen festen Stab von Mitarbeitern. Zu dieser Stammbesetzung gehören oft Drehbuchautor, Kameramann und Schauspieler. So arbeitet Frank Beyer meist mit dem Autor Walter Gorrish, überträgt Günther Marczinkowsky die photographische Gestaltung und bevorzugt Erwin Geschonneck, Armin Mueller-Stahl, Ulrich Thein und Manfred Krug als Darsteller.

Zitate:
›Für Patronenhülsen‹ bekam ich 250 oder 200 Mark, genau weiß ich das nicht mehr. Mit diesem Geld in der Tasche fühlte ich mich sehr privilegiert. Ich dachte, mein Gott, was bist du für ein reicher Mensch geworden, und schickte einen Teil des Geldes meiner Mutter. Damals gab es in der DDR ein Gagengefüge, das jedermann kannte. Die absolute Spitzengage lag bei 1000 Mark pro Film, aber die bekamen nur vier oder fünf Leute. Zu denen gehörten natürlich Eduard von Winterstein, Erwin Geschonneck und Günther Simon.« (Armin Mueller-Stahl)

›Fünf Patronenhülsen‹ ist eine erstaunlich perfekte, interessante Arbeit. (...) Die spannende Handlung enthält die konkrete Vergegenwärtigung eines exemplarischen moralischen Falls und einer konkreten, historisch aufschlußreichen politischen Situation. Das Abenteuerliche ist so nicht Selbstzweck, führt auch nicht zur ungerechtfertigten Vereinfachung der historischen Zusammenhänge. Auf einem Niveau, wie nicht oft wieder erreicht, ist damit der politische Abenteuerfilm in unsere Geschichte eingeführt.« (Rolf Richter, DEFA-Spielfilm-Regisseure und ihre Kritiker, Band 2, S. 12, Henschelverlag)

»Packender dramatischer Film von starker Aussagekraft, künstlerisch überdurchschnittlich.« (Filme in der DDR)

»›Fünf Patronenhülsen‹ weist künstlerisch überzeugend nach, was der kämpfende Mensch unserer stürmischen Epoche vermag, wie unbesiegbar er im gemeinsamen Kampf ist.« (Deutsche Filmkunst, 1/1961, Henschelverlag)

»Die Handlung ist mitreißend, spannend. Und nicht nur das: Sie läßt den Zuschauer Partei nehmen für den gerechten Kampf des spanischen Volkes um Freiheit und Menschenwürde. Die stärkste Aussage aber liegt zweifellos darin, daß der Film die große moralische Kraft des proletarischen Internationalismus und der Solidarität deutlich macht.« (lin, 5.11.1960, Tribüne)

Königskinder

Inhalt: Magdalena (Annekathrin Bürger) und Michael (Armin Mueller-Stahl) erblicken in einem Arbeiterviertel von Berlin das Licht der Welt. Die Kluft, die sich später durch den aufkommen-

Armin Mueller-Stahl als Coverboy des Filmspiegel zu ›Königskinder‹

den Nationalsozialismus zwischen den beiden auftut, ist so tief wie der See, der in dem berühmten Volkslied um das Schicksal zweier Königskinder besungen wird. Ihre Kindheit verbringen die beiden auf der Suche nach Glückseligkeit. Diese finden sie beim Mundharmonikaspiel und auf der Schiffschaukel des örtlichen Rummelplatzes.
Jahre später ist aus dem »Prinzen« Michael ein Maurer geworden. Aber man schreibt das Jahr 1933 – und ein Maurer, der nicht bereit ist, das Hakenkreuz zu tragen, gilt nicht viel. Die »Braunhemden« bestrafen gnadenlos jeden, der sich nicht unterordnet. So wird der junge Michael Mertens, der nur an seinem Glück mit Magdalena interessiert ist, zum Staatsfeind erklärt und als Hochverräter gefangengesetzt.
Michael wird zu 15 Jahren Zuchthaus verurteilt. Für seine Freilassung setzt Magdalena alle Hebel in Bewegung. Sie bittet Jürgen Bieneck (Ulrich Thein), einen ihrer ehemaligen Verehrer und nun stolzer Träger einer SA-Uniform, um Hilfe. Tatsächlich meldet sich das Gewissen des Nationalsozialisten. Als Aufseher im berüchtigten Strafbataillon 999 rettet er – vielleicht auch nur aus Liebe zu Magdalena – Michael das Leben. Jetzt scheint der Weg frei zu sein für die beiden »Königskinder«. Doch draußen tobt der Krieg – und wieder scheint sich ein unüberwindlicher Graben zwischen den Liebenden aufzutun.

Zum Film: Bei »Königskinder« (1961) taten sich Regisseur Frank Beyer, Autor Walter Gorrish, Kameramann Günther Marczinkowsky und Armin Mueller-Stahl nach »Fünf Patronenhülsen« erneut zusammen. Die poetische Fabel, die anläßlich der Arbeiterfestspiele in Erfurt zur festlichen Welturaufführung gelangte, wurde nach Motiven des Volksliedes »Es waren zwei Königskinder« gestaltet. Anhand dieser tragischen Liebesgeschichte werden die zerstörerischen Kräfte des Faschismus und Militarismus aufgezeigt.

Zitate:
Es waren zwei Königskinder,
die hatten einander so lieb,
sie konnten zusammen nicht kommen,
das Wasser war viel zu tief.
(Volkslied, 1. Strophe)

Sie konnten zusammen nicht kommen: Die ›Königskinder‹

»›Königskinder‹ hat strenggenommen zwei Teile. Der erste ist sehr artifiziell, die Geschichte sehr verworren und stark von Michail Kalatosows »Wenn die Kraniche ziehen« beeinflußt. Beim zweiten war dann die schräg gestellte Kamera nicht mehr möglich, denn die

Geschichte mußte hart und klar erzählt werden. Heute würde man das als altmodisch empfinden.« (Armin Mueller-Stahl)

»Die expressive Kamera- und Montagetechnik von ›Königskinder‹ erinnert ein wenig an Andrej Tarkowskijs ein Jahr später entstandenen Film ›Iwans Kindheit‹. Mit kalligraphisch stilisierten Bildkompositionen beschreibt Beyer die frühe Liebesgeschichte zwischen Magdalena und Michael, verwendet ungewöhnliche Aufnahmeperspektiven und emotionsgeladene Licht- und Schatteneffekte. Mitunter droht der Film sich in seiner lyristischen Stimmungsmalerei zu verlieren, doch selbst in seinen verspieltesten Momenten bleiben die ästhetischen Übungen auf die allegorischen Momente der Handlung bezogen.« (H.C. Blumenberg, Film in der DDR, S. 108, Hanser Verlag)

»Unsere Geschichte wird dem Verlauf der Wirklichkeit entsprechend erzählt. Die optische Sprache des Films verändert sich also in der Weise, wie der Faschismus ins Leben der Helden einbricht. (...) Seit ich mit dem Schriftsteller Walter Gorrish zusammenarbeite, beschäftigen mich das Motiv und die Idee der ›Königskinder‹, weil vieles aus dem Leben des Autors darin enthalten ist. Schon als wir gemeinsam den Film ›Fünf Patronenhülsen‹ erarbeiteten, nahm die Fabel der ›Königskinder‹ konkrete Formen an. In »Fünf Patronenhülsen« erzählten wir eine Geschichte, die sich im kleinsten Kreis, auf engem dramaturgischem Raum abspielt. Wir wollten Menschen zeigen, die für Spaniens Freiheit gekämpft haben. (...) Die Geschichte der ›Königskinder‹ vollzieht sich in einer viel weiteren dramatischen Fabel. Sie schwingt von der einfachsten menschlichen Situation bis in die extremste dramatische Zuspitzung unter den Gesetzen des brutalen faschistischen Krieges.« (Frank Beyer in Progress-Dienst, Nr. 23/62)

»Diese meisterhaft geführte Kamera trifft auf beachtliche Substanz im Darstellerischen: Von verhaltener, geballter Energie und doch locker in allen Wesensäußerungen Armin Mueller-Stahl als Michael.« (Hartmut Albrecht, Nationalzeitung Berlin, 1.6.1962)

... und deine Liebe auch

Inhalt: Berlin in den Tagen und Wochen um den 13. August 1961. Während mit dem Bau der Mauer ein trauriges Kapitel Geschichte geschrieben wird, findet auf den Straßen und in den Häusern ei-

ne kleine, persönliche Geschichte statt. Zwei Jungen, wie Halbbrüder, weil sie bei derselben Mutter aufwuchsen, lieben das kleine schwarzhaarige Mädchen Eva (Kati Szekely), das bei der Post Briefe austrägt.
Ulli (Armin Mueller-Stahl) ist der ruhigere, romantischere von beiden. Er arbeitet als Elektromonteur im Glühlampenwerk und singt für Eva auf der Warschauer Brücke ein Ständchen: »Der Wind auf der Warschauer Brücke, das Licht und der weiße Rauch – weißt du, die brauch ich zum Leben, und deine Liebe auch.« Klaus (Ulrich Thein) dagegen kann über solche sensiblen Dinge nur mitleidig und überheblich lachen. Er ist ein Draufgänger und Lebenskünstler, der Taxi fährt und mit dem Trinkgeld reicher Frontstadtreisender (Frontstadt = West-Berlin, Anm. d. Aut.) dunkle Geschäfte macht. Er ist ein Grenzgänger, ein 1:4-Rechner, der vom süßen Leben in der großen weiten Welt träumt.
Als Eva noch zu jung war, um zu wissen, was Liebe ist, hat sie sich für Klaus entschieden. Jetzt könnte Eva zu Ulli gehen. Er kann ihr in diesen schweren, unruhigen Zeiten eine gesicherte Existenz bieten. Doch Eva erwartet ein Kind von Klaus. Am Morgen des 13. August stehen sich die beiden Halbbrüder gegenüber. Auf der Warschauer Brücke versperrt Ulli, in Kampfgruppenuniform und mit Maschinenpistole, Klaus den gewohnten Gang in den Westen.

Zum Film: Regisseur Frank Vogel und sein Drehbuchautor, der Schriftsteller Paul Wiens, setzen sich in ihrem 1961/62 entstandenen Film« »... und deine Liebe auch« direkt mit dem Mauerbau auseinander. Die ab dem 13. August 1961 entlang der Sektorengrenze zwischen Ost- und West-Berlin bzw. zwischen West-Berlin und der DDR mit Billigung der Warschauer-Pakt-Staaten errichtete, 165,7 km lange Sperrmauer sollte den Flüchtlingsstrom aus der DDR stoppen. Bis zu diesem Stichtag waren seit 1949 etwa drei Millionen Personen in die BRD geflohen. Besonders bemerkenswert war an diesem Projekt die Arbeitsweise der DEFA. Unter dem Arbeitstitel »Bei uns« wurde mit versteckter Kamera gearbeitet, Passanten und Genossen wurden unversehens zu Statisten, vor Ort wurde kräftig improvisiert und das rudimentäre Skript täglich umgeschrieben. Dazu muß man wissen, daß in der DDR ein vollständiges Drehbuch vorliegen mußte, bevor ein Film gemacht werden konnte. Dieses durchlief dann einige staatliche Kontrollinstanzen, mißliebige Stellen wurden gestrichen oder umge-

Ulli (Armin Mueller-Stahl) bringt Eva (Kati Szekely) in ›... und deine Liebe auch‹ ein Ständchen

schrieben, bis die endgültige Version genehmigt wurde. Erst dann konnte mit den Dreharbeiten begonnen werden. Der fertiggestellte Film kam dann in der Regel ungeschnitten ins Kino, es sei denn, während der Dreharbeiten wurden neue kulturpolitische Leitlinien erlassen, die nicht mehr mit dem Tenor des Werkes übereinstimmten. Dann mußte der Film natürlich entsprechend geändert oder zurückgezogen werden.

Zitate:
»Am zwanzigsten August setzten wir uns – Regisseur Frank Vogel und ich – zusammen und berieten, was zu tun sei. Die Maßnahmen des 13. August griffen auf vielfältigste Weise in das Leben jedes Berliners ein. Die Frage war: Wie kann man es fertigbringen, die vielen Geschichten festzuhalten, die sich jetzt neben uns und um uns abspielen. Einige persönliche Schicksale, die wie in einem kleinen Spiegel die große Geschichte in sich tragen. Ein Film ohne Drehbuch? Das Leben einfangen wie die Wochenschau? Eine Liebesgeschichte...? Wir arbeiteten mit ganz kleinem Stab. (...) Wir filmten auf den Straßen, an den Grenzen, im Postamt am Rosen-

thaler Platz, im Glühlampenwerk in Berlin und in Kuba. (Paul Wiens, Filmspiegel)

»Eine Berliner Liebesgeschichte, verquickt mit dem Geschehen zur Sicherung der Staatsgrenze am 13. August 1961. Politischer Liebesfilm von konsequenter Parteilichkeit. Auch formal nicht uninteressant.« (Filme in der DDR)

»Nach unserer erfolgreichen Zusammenarbeit bei ›Der Mann mit dem Objektiv‹ bereiteten Paul Wiens und ich im Frühjahr 1961 einen Spielfilm über drei Menschen im geteilten Berlin vor. (...) Wir wollten zu einem Problem unserer Zeit Stellung nehmen. Aber nach dem 13. August hätten wir mit unserer alten Fassung allenfalls eine historische Geschichte erzählen können. (...) Warum sollten wir nicht zeigen, was unsere Helden nach den Schutzmaßnahmen der DDR in Berlin erleben? Hier bot sich die Ausgangsposition für einen neuen Film!« (F. Vogel, BZ am Abend, 22.2.1962)

»Besondere Ansprüche stellte der Film an seine Hauptdarsteller, denen die beiden bereits vielfach bewährten Männer besser gewachsen waren als die Frau. (...) In dieser überzeugenden Darstellung vermeidet Armin Müller-Stahl (sic!) – der Absicht des Films entsprechend – jedes aufgesetzte Pathos.« (Leo Berg, Sächsische Zeitung, Dresden, 29.9.1962)

Flucht aus der Hölle

Inhalt: Als der junge Automechaniker Hans Röder (Armin Mueller-Stahl) aus Frankfurt am Main, der einen Autounfall verschuldet haben soll, seinen Job verliert und ihm ein Gerichtsverfahren droht, entschließt er sich, seine Heimat zu verlassen. Er hofft, daß in ein paar Jahren Gras über die Geschichte gewachsen ist und er dann unbescholten zurückkehren kann. Röder läßt sich von Mouchon (Gerd Biewer) als Fremdenlegionär anwerben und setzt sich mit diesem nach Algerien ab.
In Nordafrika erwartet den arglosen und integren Deutschen ein Schauplatz des Grauens: Männer werden gefoltert, Frauen und Kinder ermordet. So hatte er sich die Legion Étrangère nicht vorgestellt. Eines Tages wird Röder Zeuge eines niederträchtigen Intrigenspiels: Sein Vorgesetzter, Sergeant Surrand (Wolfgang Sasse), tötet einen unliebsamen französischen Offizier und schiebt

diesen Mord der algerischen Befreiungsbewegung in die Schuhe. Als daraufhin auf Surrands Befehl ein Dutzend Menschen erschossen werden sollen, weigert sich Röder, abzudrücken. Auf dem anschließenden Transport zum Sondergericht entschließt sich der Fremdenlegionär zur »Flucht aus der Hölle«.
Unter unendlichen Strapazen kehrt Röder über Tunis und Ham-

Armin Mueller-Stahl als Fremdenlegionär Hans Röder

burg in seine Heimatstadt zurück. Doch seine Flucht ist noch nicht zu Ende. Auch in Frankfurt trachtet man ihm nach dem Leben, denn einen Verräter duldet niemand in den Reihen der Fremdenlegion. Nachdem Röder weder von der westdeutschen Polizei noch von Politikern, die die Vorkommnisse in Algerien stillschweigend dulden, Hilfe erwarten kann, entschließt er sich zu einer letzten Flucht: Er springt aus einem fahrenden Militärzug auf das Gebiet der DDR, wo er endlich vor seinen zahllosen Killern sicher ist.

Zum Film: Nachdem Hans-Erich Korbschmitts gut vierstündiger, im Jahre 1960 in vier Folgen ausgestrahlter Fernsehfilm zu einem der erfolgreichsten DEFA-Fortsetzungsfilme wurde, entschloß man sich zwei Jahre später, eine zweiteilige, um etwa 60 Minuten gekürzte Version in die Kinos zu bringen. Die Rolle des jungen Westdeutschen Röder, der aus der Fremdenlegion in die »Sicherheit der DDR« flüchtet, trug maßgeblich zum wachsenden Bekanntheitsgrad von Armin Mueller-Stahl bei, wenn auch die Presse nach wie vor Schwierigkeiten bei der korrekten Schreibweise seines Namens hatte. Dieser Hans Röder war die perfekte Identifikationsfigur für das ostdeutsche Volk und konnte von der SED-Regierung hervorragend als Propagandawerkzeug bzw. als Rechtfertigung für den Mauerbau mißbraucht werden.

Zitate:
»Armin Müller-Stahl (sic!) als Hans Röder zeigt eine großartige Leistung, die dem (sic!) jungen Künstler von der Berliner Volksbühne in die Spitzenreihe unserer Filmdarsteller reiht.« (Hans-Dieter Tuk, Leipziger Volkszeitung, 4.11.1960)

»Armin Mueller-Stahl bestimmte als Hans Röder den hohen Maßstab der darstellerischen Qualität. Sein beredtes Gesicht ist dramatischer Mittelpunkt dieser sachlich berichtenden, nahezu dokumentarischen Geschichte gewesen.« (Heinz Hofmann, Neues Deutschland, 14.11.1960)

»Außerdem hat der Fernsehfunk dem sympathischen jungen Schauspieler Armin Mueller-Stahl mit einer tragenden Rolle, die vom Darsteller eine starke Persönlichkeit und die Fähigkeit zur überzeugenden Gestaltung der verschiedensten psychologischen Situationen verlangt, zum Durchbruch verholfen.« (Bernt Eckhoff, Nationalzeitung, 9.11.1960)

»Ein junger Westdeutscher flieht aus der Fremdenlegion, als er das verbrecherische Tun und die unmenschlichen Maßnahmen seiner Vorgesetzten erkennt (1. Teil). Er gerät in die Netze der ›Roten Hand‹ und findet in höchster Not Sicherheit in der DDR. (2. Teil). Dramatisch-politischer Film. Künstlerisch schwach und mit zahlreichen Mängeln. (Filme in der DDR)

Nackt unter Wölfen

Inhalt: Das Konzentrationslager Buchenwald kurz vor Ende des Zweiten Weltkriegs. Mehrere polnische Häftlinge verstecken ein Kind, um es vor dem sicheren Tod durch die Lagerleitung zu bewahren. Obwohl die SS-Schergen von den Gefangenen Unmenschliches fordern, halten diese auch in höchster Lebensgefahr zusammen. Einer aber begibt sich zwischen die Fronten: Dem kleinbürgerlichen Zweiling wird sein Opportunismus schließlich zum Verhängnis.

Massenszene aus › Nackt unter Wölfen‹

So ist es letztlich dem Vertrauensmann und Anführer der Häftlinge, Krämer (Erwin Geschonneck), zu verdanken, daß man im entscheidenden Augenblick die Auslieferung des Kindes verweigert, obwohl deshalb einige Lagerinsassen sterben müssen. Am Ende, als die Amerikaner das KZ Buchenwald befreien, hat sich das Solidaritätsgefühl – zumindest für die Überlebenden – ausgezahlt.

Zum Film: Frank Beyers wohl berühmtester Film, 1962 nach dem Buchenwald-Roman von Bruno Apitz entstanden, handelt vom Überleben, von der Gefährdung der Menschlichkeit in unmenschlichen Zeiten. In »Nackt unter Wölfen« verzichtet der Regisseur im Gegensatz zu »Königskinder« auf technische und stilistische Experimente und konzentriert sich ausschließlich auf realistisches Erzählen. So ist ein Film entstanden, der anhand des Mikrokosmos eines Gefängnisses, psychologisch nuanciert, das Bild einer pervertierten Gesellschaft entwirft. Dabei tritt die Beschreibung begangener Greuel in den Hintergrund, während exakten Porträtschilderungen von Opfern und Tätern viel Platz eingeräumt wird.

Zitate:
»Mit einem internationalen Ensemble gelingen eine Reihe interessanter Charakterstudien, vor allem auf seiten der Häftlinge. Die Figuren der Faschisten sind dagegen weniger differenziert. Wichtig bleibt hier die große Bedeutung, die Schauspieler für den Regisseur Beyer haben. Obwohl auch um eine genaue Zeichnung des Milieus bemüht, ist doch der Aufbau einer vom Spiel der Schauspieler wesentlich mitbestimmten inneren emotionalen Erregungskurve, die der Bedeutsamkeit des Vorganges entspricht, das den Film organisierende Prinzip.« (Rolf Richter, DEFA-Spielfilm-Regisseure, Band 2, S. 14)

»Durchaus differenziert ist im ersten deutschen KZ-Film überhaupt die Sicht der SS-Männer: Beyer zeigt keine Teufel in Menschengestalt, keine dämonisierten Karikaturen, sondern eher durchschnittliche Bürokraten und Kleinbürger, die sich nur gelegentlich in zynischen Posen gefallen. Das Grauen ist grauenhaft banal, schon dadurch erklärt sich der Verzicht auf filmsprachliche Stilisierungen. (...) Wie ›Fünf Patronenhülsen‹ ist ›Nackt unter Wölfen‹ aber auch ein Film über Solidarität, die sich hier im Zusammenleben der Häftlinge bewährt.« (H.C. Blumenberg, Film in der DDR, S. 110)

»Trotz einiger Unwahrscheinlichkeiten im Detail der Beschreibung ein (auf authentischen Ereignissen beruhender) in seiner humanen Qualität bemerkenswerter DEFA-Film.« (Lexikon des Internationalen Films, rororo)

»Die Figur des SS-Führers Zweiling, eines kleinbürgerlichen Rückversicherers, ist die profilierteste und eigentlich auch interessanteste des ganzen Films.« (Ulrich Gregor, Geschichte des Films, Band 4, S. 389, rororo)

Christine

Zum nie fertiggestellten Film: Basierend auf einer wahren Begebenheit, wollte Slatan Dudow wie schon in »Frauenschicksale« (1952) oder »Verwirrung der Liebe« (1959) wieder das Thema Frauenemanzipation aufgreifen. Im Mittelpunkt der Handlung steht die Titelheldin Christine, die mehrere Kinder von verschiedenen Vätern hat. Sie versucht in einer Zeit – man schreibt die ersten Nachkriegsjahre –, in der uneheliche Kinder verpönt sind und es moderne Verhütungsmittel noch nicht gibt, ihr Leben selbständig zu meistern. Doch die Männer sehen weiterhin in ihr nur ein Lustobjekt. Interessanterweise greift Egon Günther 1971, also acht Jahre später, mit »Der Dritte«, in dem Armin Mueller-Stahl ebenfalls mitwirkt, die gleiche Problematik auf.

Zitate:
»›Christine‹ blieb unvollendet; mitten während der Dreharbeiten starb der Regisseur am 12. Juli 1963 an den Folgen eines Autounfalls. Mit ihm verlor die DEFA einen oft unbequemen, kompromißlosen Künstler, der auch als großer Anreger wirkte. (...) Dudow hinterließ ein Werk, das, wie sonst nur noch in längerer Kontinuität die Filme von Kurt Maetzig, inhaltlich und formal die verschiedenen Phasen der DEFA-Entwicklung reflektiert.« (Heinz Kersten, Film in der DDR, S. 28)

»Fragen Sie mich bitte nicht genau nach der Geschichte. Es gab so viele Fassungen davon, und ich war nicht für eine Hauptrolle vorgesehen. Aber wenn man schon von jemandem solchen Kalibers wie Slatan Dudow besetzt wurde, war man dankbar. Denn zum einen gab es in der DEFA nicht sehr viele Produktionen, und zum anderen fragte man nicht viel, sondern man machte es in der Re-

Standbild aus Slatan Dudows unvollendetem Werk ›Christine‹

gel. Wobei ich schon damals zu den wenigen gehörte, die hin und wieder einmal nein sagten, wenn es großer Scheiß war.

Dudow hatte mich in ›Königskinder‹ gesehen. Er rief mich an, war begeistert von meiner Leistung und sagte: ›Ich bin tief beeindruckt und würde Sie gerne in „Christine" sehen.‹ Ich sagte unbesehen zu. So einen Ruf hatte dieser Mann. Slatan Dudow war eine starke Persönlichkeit, einer, der sich nichts gefallen ließ, notfalls wurde er sogar handgreiflich.

Slatan spielt in der Aufarbeitung der DEFA eine größere Rolle, als ihm eigentlich zustünde, denn so viel hat er gar nicht gemacht, was wirklich nennenswert wäre.« (Armin Mueller-Stahl)

Preludio 11

Inhalt: Anfang der 60er Jahre an der kubanischen Küste. In einer einsamen Bucht gehen sechs bis an die Zähne bewaffnete Männer an Land. Unter ihnen ist Miguel (Roberto Blanco), ein hochbe-

gabter Konstrukteur, der Frau und Kind zurückließ, um in den USA Karriere zu machen. Jetzt kehrt er unter dem Kommando des amerikanischen Offiziers McLash (Günther Ott) in seine Heimat zurück. Die sechs Mann sollen die Operation Preludio 11 ausführen, die ein »Vorspiel« zur großen Invasion darstellt.
Der Küstenabschnitt, in dem die Konterrevolutionäre gelandet sind, steht unter der Obhut des Kommandanten Palomino (Günther Simon). Der alte Revolutionär, der jahrelang in Kerkern gefangengehalten worden war, hat sich in einen Verräter verwandelt. Ohne seine treuen Untergebenen, den wackeren Leutnant

Ein Ausflug ins sozialistische Bruderland Kuba. Armin Mueller-Stahl in Kurt Maetzigs ›Preludio 11‹

Ramon Quintana (Armin Mueller-Stahl) und die schöne Daniela (Aurora Depestre), Geliebte des abtrünnigen Miguel, zu unterrichten, meldet Palomino nach Havanna zwar die Ankunft der Konterrevolutionäre, nicht aber deren – ihm wohlbekanntes – Vorhaben.
Trotzdem werden Palominos verräterische Pläne durchkreuzt. McLash stirbt schon beim ersten Gefecht, und ein Buschfeuer schneidet den Söldnern den Weg ab. Da wird Miguel in die Stadt geschickt, um seine Frau zum Verrat anzustiften. Tatsächlich bringt es Daniela nicht fertig, den Vater ihres Kindes festnehmen zu lassen. Doch ihre Heimat läßt sie nicht im Stich. Während Daniela nichtsahnend in Palominos heimtückische Falle läuft, erfährt Ramon Quintana die Wahrheit über seinen Kommandanten. Er ist nun der einzige, der den konterrevolutionären Trupp noch stoppen kann.

Zum Film: In »Preludio 11«, der 1963 in Co-Produktion mit Kuba realisiert wurde, setzt sich Kurt Maetzig vor Ort mit der militärischen Auseinandersetzung zwischen Revolutionären und Konterrevolutionären auf der Karibikinsel auseinander. Der Film erhielt durch die Invasion von Exil-Kubanern im April 1961 in der Schweinebucht und die Kuba-Krise (Höhepunkt: Oktober/November 1962), die durch den Versuch der Stationierung sowjetischer Raketen ausgelöst wurde, besondere Brisanz. Trotz Maetzigs Bemühungen, sein geistiges und künstlerisches Konzept den damals herrschenden Wünschen und Vorstellungen anzupassen, erwies sich der Film als Flop. Das Publikum nahm kaum Anteil und konnte sich nicht für die Hommage an das kubanische Volk und seinen erfolgreichen revolutionären Kampf erwärmen.

Zitate:
»Aber das Bedauerliche war, daß es diesen drei Filmen (›Preludio 11‹, ›An französischen Kaminen‹ und ›Der Traum des Hauptmann Loy‹, Anm. d. Aut.) an blutvollen, lebendigen, künstlerisch tragfähigen Gestalten und Konstellationen, besser gesagt an literarischer Qualität mangelte.« (Kurt Maetzig, Filmarbeit – Gespräche, Reden, Schriften, S. 159, Henschelverlag)

»In Kuba lernten wir während der Dreharbeiten zu ›Preludio 11‹ Fidel Castro und Che Guevara, der zu dieser Zeit Industriemini-

ster war, kennen. Es war gerade eine Villa frei geworden, weil sich ein Zuckerbaron nach Miami abgesetzt hatte. Dort trafen wir uns am Abend, um gemeinsam der kubanischen Premiere von ›Fünf Patronenhülsen‹ beizuwohnen. Zuvor war uns gesagt worden, daß Fidel Castro die Bühne betreten würde, falls ihm der Film gefiele. Wir hatten Glück. Der Film wurde positiv aufgenommen, Castro zeigte sich der Menge.
Die Kuba-Krise hatte gerade ihren Höhepunkt erreicht. Maetzig wollte deshalb die Arbeit sofort abbrechen. Aber wir saßen, zusammen mit einer französischen und einer russischen Produktion, im Hotel fest und warteten auf den Angriff. Auf eine gemeinsame Vorgehensweise konnte man sich nicht einigen. Die Deutschen wollten nur schnell nach Hause, die Russen waren besoffen, und die Franzosen wollten gegen die Amerikaner kämpfen.« (Armin Mueller-Stahl)

»Wissen Sie, wir haben uns die größten Sorgen um die Heimat gemacht, denn die Folge einer amerikanischen Aggression wäre der thermonukleare Krieg gewesen. Wir hatten gar nicht so das Empfinden einer Gefahr für uns selbst, denn die Kubaner hatten alles für den Ernstfall vorbereitet. Das geschah alles ohne hektische Hast, diszipliniert und mit souveräner Ruhe. Unser ganzes Denken konzentrierte sich in diesen Tagen auf die Heimat, und auch dort in Kuba habe ich die gewaltige Kraft der Solidarität richtig kennengelernt.« (Armin Mueller-Stahl in einem Gespräch mit E. Kießling, Das freie Wort, Suhl, 12.1.1963)

»Mit Ausnahme des wiederum über die ursprüngliche Rollenanlage hinaus zu menschlich überzeugender Charakterdarstellung vordringenden Gerry Wolff vermögen die deutschen Darsteller diesmal wenig zu überzeugen. Günther Simon bleibt als verräterischer Commandante nahezu profillos, und Armin Mueller-Stahl (Quintana) hat lediglich die Aufgabe, Treue zur Revolution und Liebesempfinden plakathaft zu bekunden.« (G.A., Der Neue Weg, Halle, 31.3.1964)

Alaskafüchse

Inhalt: Die Besatzung eines US-amerikanischen Militärflugzeugs soll in Alaska sowjetische Interessengebiete ausspionieren. Dabei gerät die Maschine in einen Orkan und muß im Polarmeer notlan-

den. Um seinem schwerverletzten Kameraden das Leben zu retten, mißachtet der Pilot das Funkverbot.
Ein sowjetisches Atom-U-Boot empfängt das Notsignal und eilt zu Hilfe. An Bord des feindlichen Schiffes rettet der Arzt (Armin Mueller-Stahl) dem verwundeten Amerikaner das Leben. Währenddessen wird der Flugzeugkapitän, der moralisch gehandelt hat, von seinen Landsleuten wegen Hochverrats vor Gericht gestellt.

Zum Film: Werner W. Wallroth drehte 1964 »Alaskafüchse« mit immensem zeitlichem und finanziellem Aufwand. Doch die Geschichte, die auf einer gleichnamigen Erzählung von Wolfgang Schreyer basiert und von Egon Günther adaptiert wurde, ist kaum von Interesse. Statt sich auf die durchaus passable Abenteuergeschichte zu konzentrieren, hat der Regisseur sie auf eine niveaulose Politparabel reduziert.

Zitate:
»Werner Wallroth galt kurzfristig als Spitzenregisseur der DEFA. Er war ein Intellektueller, der auch Chanson-Texte schrieb. Wenn er eine Szene inszenierte, war er oft der einzige, der lachte. Aber er stand dazu. Irgendwie war er ein Verrückter. In ›Alaskafüchse‹ spielte ich nur eine kleine Rolle. Und ich weiß noch, daß ich mich über ihn sehr geärgert habe, weil er mich ohne zu fragen mit einem russischen Akzent synchronisiert hat. Aus diesem Grund habe ich mir den fertigen Film nie angesehen.« (Armin Mueller-Stahl)

»Was Werner W. Wallroth hier namens der DEFA absolviert hat, grenzt peinlich an Dilettantismus oder aber – etwa im Auftritt des sowjetischen Arztes, den Armin Müller-Stahl (sic!) erheiternd radebrecht – an die unfreiwillige Karikatur. Die Darsteller wußten mit ihren oberflächlichen Rollen wohl nicht viel mehr anzufangen, als sie rollengemäß zu spielen.« (G.A., Der Neue Weg, Halle, 10.8.1964)

»Kameratechnisch zum Teil eindrucksvoller, sonst aber nur sehr mäßiger und langweiliger Streifen.« (Filme in der DDR)

Ein Lord am Alexanderplatz

Inhalt: In dem gestreiften Anzug mit Samtkragen, Melone und Regenschirm sieht der gutaussehende Fünfziger, der eines Tages am Alexanderplatz auftaucht, wie ein Lord aus. In Wirklichkeit aber

Ein unbekannter DDR-Künstler versuchte sich für ›Ein Lord am Alexanderplatz‹ als Karikaturist

ist es der Heiratsschwindler Ewald Honig (Erwin Geschonneck), der mit seinem klapprigen Mercedes aus München angereist ist, um bei seinem DDR-Töchterchen Ina (Angelika Domröse) einen beschaulichen Lebensabend zu verbringen.
Leider lassen ihn weder die adretten Damen rund um den Alexan-

derplatz noch seine umtriebige Tochter zur Ruhe kommen. Ina Honig nämlich unterhält selbst eine Unzahl von Flirts zu verheirateten Männern aus besseren Kreisen. Bei dcm Versuch, das zügellose Mädchen auf den Pfad der Tugend zurückzubringen, gerät Ewald Honig in Teufels Küche. Denn dem notorischen Heiratsschwindler sind in der ungarischen Kriminalistin Fräulein Farkas (Monika Gabriel) und dem verschrobenen Kriminalpsychologen Dr. Achim Engelhardt (Armin Mueller-Stahl) gleich zwei Experten auf den Fersen. Glücklicherweise sind die beiden Gesetzeshüter zu sehr damit beschäftigt, sich gegenseitig des Ehebetrugs zu verdächtigen. Nach zahllosen Irrungen und Wirrungen, bei denen der falsche Lord immerhin zu etwas Geld, aber auch in die Nähe krimineller Delikte kommt und in deren Verlauf sogar aus Fräulein Farkas und Herrn Engelhardt ein Paar wird, rettet schließlich der solide Ehestand Ewald Honig vor der eigenen Misere.

Zum Film: Einer der wenigen Komödien- oder, treffender ausgedrückt, Lustspielfilmregisseure, die beim DDR-Publikum hohes Ansehen genossen, war Günter Reisch. Seine komischen Helden leiden meist an kleinen, unbedeutenden Schwächen, durch die sie in um so größere Bredouillen geraten. Solch eine Figur verkörpert auch Erwin Geschonneck als Titelheld der Komödie »Ein Lord am Alexanderplatz«, die Reisch im Jahre 1966 inszenierte und die dem beliebten Schauspieler, der des öfteren als Komödiant zu überzeugen wußte, auf den Leib geschrieben wurde. Armin Mueller-Stahl dagegen war bis dahin außer in »Heimlichen Ehen« nur in dramatischen Rollen auf der Leinwand zu sehen gewesen. Unter Reisch konnte er in einem kleinen Part seine humorvolle Seite endlich einmal voll ausspielen. Der Lustspiel-Regisseur war von dessen Vorstellung derart angetan, daß er auch neun Jahre später noch an ihn dachte und ihm die Hauptrolle in »Nelken in Aspik« übertrug.

Zitate:
»Der komische Widerspruch, der die Wirklichkeit scheinbar auf den Kopf stellt, kann beim Zuschauer eine aktive Haltung zu gesellschaftlichen Erscheinungen provozieren. Das Aktivieren, Mitteilen von Impulsen halte ich für eine der wichtigsten Funktionen der Filmkunst überhaupt.« (Das Gespräch geht weiter. Der Film – Abbild oder Entwurf? Interview mit Günter Reisch, Film und Fernsehen, Nr. 3/1977, S. 5)

»Die Dramaturgie des Films von 1967 variiert einen uralten Lustspieleinfall: die Erziehung einer mißratenen neppigen Gaunertochter durch einen ebenso mißratenen, auf Nepp gehenden Gaunervater. Das ist ein komischer Widerspruch, der durch Situationsgags und Verwechslungsspiel kräftig ausgebaut wird. Mit den Kleinbürgerschwächen, die in diesem Filmlustspiel verlacht wurden, war eine Kritik an bestimmten zeitgenössischen Zuständen gemeint. Historische Dimensionen gesellschaftlicher Prozesse im Sozialismus wurden nicht anvisiert.« (Lutz Haucke, DEFA-Spielfilm-Regisseure, Band 1, S. 141)

»Herzerfrischend spielen auch die offensichtlich hochbegabte Monika Gabriel als ungarische Gast-Kriminalistin und Armin Mueller-Stahl als etwas lebensfremder Psychologe zusammen, die sich beide auf der Suche nach Ewald bzw. Ina Honig auf die falsche Fährte begeben und sich bei der Gelegenheit finden.« (Dr. Manfred Jelenski)

»Eine bemerkenswerte Neuentdeckung im heiteren Genre ist Armin Mueller-Stahl als theorieverkleisterter Kriminalpsychologe (...)« (H. Schu., Das Volk, Erfurt, 7.3.1967)

»Doch alles Gute ist nie beisammen. Im vorliegenden Film ist die Länge der dunkle Punkt. Zwei Stunden sind etwas viel, und zumindest in der dritten Handlungslinie, die von Monika Gabriel und Armin Mueller-Stahl (...) getragen wird, hätte es Möglichkeiten für Kürzungen gegeben.« (Hans Joachim Göring, Bauernecho, 9.3.1967)

»Heiter-unterhaltsamer Film mit formalen Mängeln.« (Filme in der DDR)

Tödlicher Irrtum

Inhalt: Windriver City im Jahre 1896. Ohne Genehmigung der Regierung bohrt Michael P. Allison (Rolf Hoppe), Generalagent einer Ölfirma, im Indianerreservat nach dem schwarzen Gold und wird fündig. Die Hoffnung der Eingeborenen, am plötzlichen Reichtum ihres Landes teilhaben zu dürfen, erweist sich als tödlicher Irrtum. Allison schickt seine Revolverhelden los und läßt fünf Häuptlinge auf heimtückische Weise ermorden.
Verzweifelt ruft Shave Head (Gojko Mitic) seinen Bruder Chris

Howard (Armin Mueller-Stahl), das Kind von Häuptling Bull Head und einer weißen Frau, zu Hilfe. Für zwölf Dollar im Monat tritt Chris in die Dienste von Sheriff Jackson (Bruno O'Ya). Das ehrgeizige Halbblut beginnt nun die Jagd auf Allison und dessen Handlanger.
Aber der skrupellose Weiße inszeniert den Mord an dem Indianeragenten McLaurin (Bruno Carstens) und schiebt ihn Häuptling Black Tomahawk (Slobodan Velimirovic) in die Schuhe. Daraufhin setzt er auch noch das Ölcamp in Brand und will damit die Regierung in Washington glauben machen, daß es sich hierbei um Racheakte der Indianer handelt. Chris Howard versucht mit Shave Head und dessen Freunden, den Brand zu verhindern. Immerhin kann der Hilfs-Sheriff Allisons Vormann Kit Kearney (Rolf Ludwig) und den ebenfalls zur Öljägerbande gehörenden Sheriff Jackson stellen. Doch da wird auch er hinterrücks ermordet.

Zum Film: Seitdem im Jahre 1965 Josef Mach mit »Die Söhne der großen Bärin« den ersten DEFA-Indianerfilm in Szene gesetzt hatte, genoß dieses Genre beim Publikum große Popularität. Folgerichtig wurden regelmäßig Indianerfilme – zum Teil mit großem Aufwand und in Co-Produktion – hergestellt.
Doch der Indianerfilm des Ostens unterscheidet sich klar vom Western des Westens. Im Zentrum der Handlung stehen prinzipiell die Indianer. Jede andere Western-Thematik wird ausgespart. Erzählt werden vornehmlich Geschichten über die Ausrottung bzw. Übervorteilung der »Rothäute«) durch den weißen Mann; so auch im fünften DEFA-Indianerfilm »Tödlicher Irrtum«, der unter der Regie von Konrad Petzold in Zusammenarbeit mit dem Kinostudio Sofia und Polski-Film in Totalvision auf ORWO-Color entstand.

Zitate:
»Können Sie nicht lieber den Colt einstecken, Armin Mueller-Stahl, und mir ein paar Fragen beantworten? – Danke. Haben Sie Spaß am Sheriff?«
»O ja. Schließlich ist diese Rolle die Erfüllung eines Jugendwunsches: reiten und nicht herunterfallen, schießen und treffen, raufen und gewinnen. Einer sein, der nur von hinten erschossen werden kann. Das geschieht dann auch. Jemand hat errechnet, mein 21. Film- und Bühnentod. (...)«

Der Westernheld (Armin Mueller-Stahl) und seine Gefährtin (Annekathrin Bürger) in ›Tödlicher Irrtum‹

»Singen Sie auch im neuen Indianerfilm der DEFA. (...)?«
»Dieser Sheriff leistet in diesem Film so viel Heldenhaftes, daß man auf seine Lieder getrost verzichten kann.«
»Sie schreiben eigene Chansons?«
»Ja, ich versuche es.«
»Sind Sie ein Bösewicht?«
»Im Film bin ich geradezu vorbildlich gut, ich räume mit einer Handvoll Schurken auf... Und nun will ich meinen Colt wieder aus dem Halfter nehmen. Denn ich bin neugierig, was die Redaktion sagt, wenn ihr plötzlich ein Reporter fehlt...« (Helmut Raddatz, für dich, Rubrik: Erfüllter Leserwunsch, 2.1.1970)

»Dieser fünfte Präriestreifen aus Babelsberg erweist sich als der gelungenste aus dem Indianerfilm-Quintett der DEFA. Neben dem beeindruckenden Arrangement dramatischer Aktionen bemühten sich die Schöpfer mit Erfolg auch um eine stärkere Individualisierung einzelner Figuren. Das ermöglicht auch in kleinen Rollen schauspielerische Kabinettstückchen – wie sie beispielsweise Gerry Wolff als Ben bietet. Armin Müller-Stahl (sic!) besteht als Chris Howard sein Indianerdebüt mit Bravour.« (Hans-Gert Schubert, Freie Presse, Karl-Marx-Stadt, 27.6.1970)

Armin Mueller-Stahl als wackerer Westerner in dem Indianerfilm ›Tödlicher Irrtum‹

»Armin Mueller-Stahl, zum ersten Mal in einem Indianerfilm, spielt diesen Chris Howard, und er tut's ganz großartig. (...) Möglicherweise ist die Handlung mitunter etwas kompliziert, verwirrend und personenreich, aber das wäre dann schon der einzige kritische Einwand gegen diesen gelungenen Film, dem der verdiente große Publikumserfolg sicher ist.« (H.U., Neue Zeit, Berlin, 28.6.1970)

»Spannender Film mit starker Gesellschaftskritik, etwas unübersichtlich.« (Filme in der DDR)

Der Dritte

Inhalt: Die 35jährige Mathematikerin und Mutter zweier Kinder, Margit Fließer (Jutta Hoffmann), versucht nach zwei gescheiterten Beziehungen, mit dem dritten Ehemann (Rolf Ludwig) ihr Glück zu finden. In Rückblicken erfährt man von den schweren Schicksalsschlägen einer Frau, die mit aller Kraft gegen gängiges Rollenverhalten angekämpft hat.
Schon als Kind muß Margit die Grausamkeit ihrer Umwelt miterleben. Als ihre Mutter allzu früh verstirbt, plündern die Nachbarn die Wohnung und reißen sogar das Laken vom Totenbett. Als Waise kommt Margit in eine Klosterschule. Da sie weder mit der Abgeschlossenheit der Anstalt noch mit der Verlogenheit christlicher Ideale zurechtkommt, läuft sie davon. Später verliebt sie sich als FDJ-lerin in ihren Lehrer, der ihr ein Kind macht, sie wegen ihres politischen Enthusiasmus verspottet und schließlich verläßt. Auch die Ehe mit einem Blinden (Armin Mueller-Stahl) ist nur von kurzer Dauer. Als Margit auch von ihm ein Kind bekommt, glaubt sie, endlich Ruhe gefunden zu haben. Doch ihr zweiter Mann wird mit der Welt nicht fertig, er setzt sich in den Westen ab und läßt sie mit zwei Kindern allein zurück.

Armin Mueller-Stahl als blinder Musiker in Egon Günthers ›Der Dritte‹

All diese Erlebnisse haben Margit innerlich gefestigt. Sie ist dadurch nur selbstbewußter geworden und hat sich als Ingenieurin in einem Datenverarbeitungsbetrieb verwirklichen können. Nun soll der dritte Mann, den sie sich – und nicht umgekehrt – erobert hat, auch für privates Glück sorgen. Aber als in der Hochzeitsnacht der betrunkene Hrdlitschka zwischen Margit und ihrer Freundin einschläft, scheint dieses Glück schon im Ansatz in Frage gestellt.

Zum Film: 1971 griff Egon Günther das Thema Frauenemanzipation auf. Wie schon in seinem Erstling »Lots Weib« (1964), allerdings in schärferer Form, rechnet der Regisseur mit der Männergesellschaft ab. Auch hier versucht eine Frau aus der traditionellen Frauenrolle auszubrechen. Sie möchte als vollwertiges Mitglied der sozialistischen Gesellschaft anerkannt werden. »Der Dritte« zeigt sehr eindrucksvoll die Diskrepanz zwischen gesellschaftlichen Forderungen und dem weitverbreiteten kleinbürgerlichen Bewußtsein. In Jutta Hoffmann fand Günther eine ideale Protagonistin. Die wohl ausdrucksstärkste Schauspielerin der DDR glänzte in einigen markanten Mädchen- und Frauenrollen, so etwa in Frank Vogels »Julia lebt« (1963), Hans-Joachim Kasprziks TV-Film »Kleiner Mann – was nun« (1967) und Egon Günthers »Lotte in Weimar« (1975). 1972 erhielt Jutta Hoffmann auf den Filmfestspielen von Venedig für ihre Rolle der Margit Fließer den »Silbernen Löwen«.

Zitate:
»Ich arbeite schon zwei Jahre prognostisch, mein Arbeitsgebiet ist der Computer, der Rechner... Ich... denke und fühle unter den Bedingungen der wissenschaftlich-technischen Revolution. Aber wenn mir ein Mann gefällt, wenn ich ihn brauche zum Leben, wenn ich ihn haben will, dann mache ich mich aller Wahrscheinlichkeit nach immer noch lächerlich, wenn ich ihm das sage. Nein! Will ich ans Ziel, muß ich meine Liebe verheimlichen, mein Verlangen tief verstecken, unkenntlich machen, denn das stößt ihn womöglich ab; denn er, er ganz allein darf sich das erlauben. Ganz wie zu Großmutters Zeiten.« (Jutta Hoffmann in der Rolle der Margit Fließer)

»(...) Dabei kommt in kleinen Einzelheiten ganz unaufdringlich, aber gut beobachtet sehr viel DDR-Alltag ins Bild. Die Tonart des

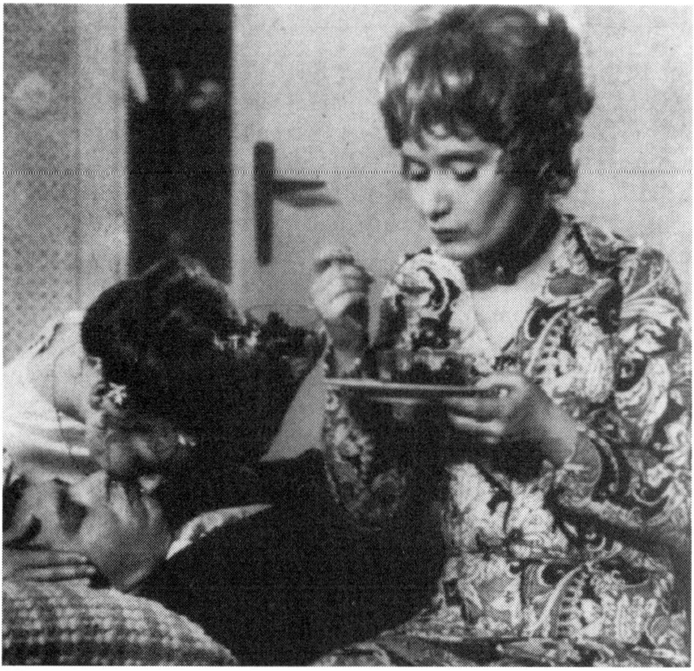

Eine »menage à trois« in ›Der Dritte‹

Films ist humorvoll-satirisch, die Erzählweise pointiert, zugeschliffen, sie bietet vielfältige Möglichkeiten der Assoziation, des Einhakens, Vergleichens. Allerdings bleiben einige Figuren des Films schematisch, ja unglaubhaft (der zweite Ehemann der Heldin soll ein blinder Musiker [Armin Mueller-Stahl, Anm. d. Aut.] gewesen sein, der ausgerechnet ›in den Westen‹ ging. Manche Szenen sind sehr auf Effekte hin angelegt. Nichtsdestoweniger war dieser Film mehr als eine kinematographische Umsetzung von Standpunkten, er entfaltete Dynamik, besaß Ausstrahlungskraft, ließ nicht indifferent.« (Ulrich Gregor, Geschichte des Films, Band 4, S. 395f)

»Ein stimmiger, mit leisem Humor erfüllter, kritischer DEFA-Beitrag zur Diskussion in der DDR über die Situation der Frau und die Notwendigkeit weiblicher Emanzipation. Der Realitätsbezug von Günthers Film ist erheblich stärker als der seiner Buchvorlage. Vorzüglich: Jutta Hoffmann.«
(Lexikon des Internationalen Films)

Januskopf

Inhalt: Im Jahre 1935 verläßt der Biologe und Biochemiker Professor Hülsenbeck (Norbert Christian) seine Heimat Deutschland, um nicht mitschuldig an der Realisierung verbrecherischer Rassentheorien zu werden. Es beginnt eine zwei Jahrzehnte umspannende erfolgreiche Forschungsarbeit in den USA. Doch als Hülsenbeck am Ende dieser Zeitspanne Bilanz zieht, begreift er, daß diese Tätigkeit nie mit seiner humanen Einstellung in Einklang zu bringen war. Er siedelt in seine Heimatstadt Stuttgart über, versucht einen Neuanfang und erlebt dort eine Enttäuschung nach der anderen.
Darauf beschließt der mittlerweile 63jährige Professor Hülsenbeck, sich in der DDR niederzulassen. Die Fortsetzung seiner genetischen Forschungen hat er dabei nicht im Sinn. Als ihn ein Minister der UdSSR und ein DDR-Staatssekretär (Armin Mueller-Stahl), beides ehemalige Studienkollegen, zu einem großangelegten Projekt überreden wollen, gerät der Biochemiker in arge Gewissensnöte. Er fürchtet den Mißbrauch der Forschungsergebnisse: »Wir stehen an der Schwelle von etwas Unbekanntem. Das Eindringen in dieses Unbekannte kann leicht zu etwas Bösem führen.« Dieses Argument läßt der DDR-Staatssekretär nicht gelten. Er will diesen erfahrenen und international renommierten Mann unbedingt auf seine Seite ziehen und stellt sich in zahllosen Diskussionen dem Dialog mit dem Professor. Ideen und Theorien, Meinungen und Erfahrungen werden bis ins kleinste Detail durchleuchtet. Am Ende seiner Karriere ist Hülsenbeck nun noch einmal gefordert. Er muß versuchen, seinen Konflikt zwischen Pflicht und Gewissen zu seinem Wohle und zum Wohle der gesamten Menschheit zu lösen.

Zum Film: In den 70er Jahren hält der »Dokumentarische Realismus« Einzug ins Filmschaffen der DEFA. Diese neue Stilrichtung wirkt sich eher positiv auf die Qualität der Filme aus. Das so entstandene breite Themenspektrum läßt sich grob in fünf Bereiche aufgliedern:

- Filme mit dem Thema »Frauenemanzipation« in der sozialistischen Gesellschaft.
- Filme zum Thema Faschismus und »Vergangenheitsbewältigung«.

- Historisch-literarische Filme mit einem gewissen Kunstanspruch.
- Indianerfilme.
- Alltagsfilme aus dem Berufsleben. Kernpunkt dieser Werke ist meist die Konfrontation »resigniertes Alter« mit »dynamisch-idealistischer Jugend«, gezeigt an einem individuellen Fall.

Letzter Kategorie läßt sich auch Kurt Maetzigs »Januskopf« (1971/72) zuordnen. Hier tritt der einzelne Handlungsträger, der auch Ideenträger ist, stark in den Vordergrund. Das Werk dreht sich um die politisch-moralische Verantwortung des Wissenschaftlers gegenüber Gesellschaft und Staat.

Zitate:
»Politisch engagierter Film mit Schwächen in der Konzeption und Argumentation. Von Thema, einzelnen Aussagen und der Gestaltung her interessant.« (Filme in der DDR)

»Der philosopische Anspruch, den der Film erhebt, verbindet sich nicht mit einer gelungenen Analyse der Charaktere. Ein Gesamtbild ergibt sich weniger als Ergebnis des Filmerlebnisses, es ist Resultat einer nachträglichen Gedankenarbeit. (...) Viel zu leicht ist

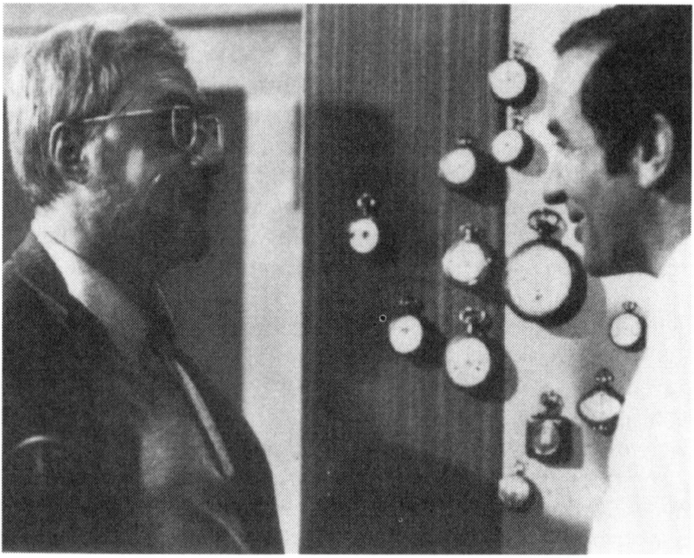

Norbert Christian und Armin Mueller-Stahl in Kurt Maetzigs ›Januskopf‹

der Film mit Erklärungen und Problemlösungen zur Hand. Es ist eben oft ungenau und zu einfach, wenn das Folgerichtige zugleich das Naheliegende ist. Die Abstraktheit und Rhetorik der Charaktere kann auch von einem ausgezeichneten Schauspielerensemble nicht überspielt werden.« (Rolf Richter, Neues Deutschland, 31.8.1972)

»Der Film ist im ganzen nicht recht einheitlich, er hält nicht recht zusammen, zieht nicht richtig durch, hat aber wichtige Passagen. Er hat vielleicht das Thema nicht ganz bewältigt, aber das Thema ist sehr interessant.« (Kurt Maetzig in einem Gespräch mit Heiko R. Blum, 1977)

Die Hosen des Ritters von Bredow

Inhalt: Irgendwann im tiefsten deutschen Mittelalter wird ein kaiserliches Edikt erlassen, das Straßenraub oder jede ähnliche Gewalttat bei Todesstrafe verbietet. So steht der arme Ritter Götz von Bredow (Rolf Hoppe) plötzlich ohne Broterwerb da. Deshalb vergnügt er sich zuweilen bei Saufgelagen und trägt wenigstens bei diversen Prügeleien seine Hosen aus Elchsleder zur Schau. Diesen Beinkleidern sagt man Wunderkräfte nach: Wer in ihnen steckt, der ist unverwundbar.
Da nimmt das Unglück seinen Lauf. Brigitte (Lissy Tempelhof), Bredows Eheweib, kommt auf die Idee, die Hosen einer gründlichen Säuberung zu unterziehen. Wenig später sind selbige verschwunden, und der wackere Recke steht ohne Hosen da.
Unterdessen kümmert sich der Dechant von Krummensee (Armin Mueller-Stahl) um den Geheimen Rat von Lindenberg (Hannjo Hasse), der sich soeben in des Ritters Domizil eingestellt hat. Doch statt fromme Sprüche zu tun, nimmt der Geistliche dem Gast beim Würfelspiel einen prall gefüllten Beutel ab.
Das Geld indes wurde dem Geheimen Rat von seinem Kurfürsten anvertraut. So holt er sich eben das, was er braucht, mit Gewalt. Er überfällt den reichen Kaufmann Hedderich (Fred Delmare) und jagt von dannen. Natürlich wird der arme Ritter von Bredow der Tat verdächtigt, sogleich verhaftet und ohne seine geliebten Hosen in den Kerker geworfen. Doch noch während er auf den Galgen harrt, wird der wahre Dieb gefunden. So kann Ritter von Bredow mit seiner inzwischen wiedergefundenen Elchsledernen gerade

Der Dechant bei unchristlichen Handlungen. Armin Mueller-Stahl in ›Die Hosen des Ritters von Bredow‹

noch eine gefährliche Verschwörung gegen den Kurfürsten zerschlagen.

Zum Film: Einer der wenigen DEFA-Regisseure, denen der Unterhaltungswert eines Films meist wichtiger war als die Verarbeitung gesellschaftspolitischer Problematiken, war Konrad Petzold. Mit ihm arbeitete Armin Mueller-Stahl nicht nur in »Tödlicher Irrtum« und der Jack-London-Adaption »Kit & Co« zusammen, sondern auch in dem Raubritter-Klamauk »Die Hosen des Ritters von Bredow« (1972/73).
Dabei gelang es dem Charakterdarsteller einmal mehr, sein komödiantisches, selbstironisches Talent in einer kleinen, aber eminent wichtigen Nebenrolle unter Beweis zu stellen und Rolf Hoppe, der den edlen Ritter in der Elchsledernen verkörpert, nahezu die Schau zu stehlen.

Zitate:
»›Die Hosen des Ritters von Bredow‹, das ist eine interessante Geschichte. Es gibt Leute, die sagen, daß dies meine beste Rolle gewesen sei, obwohl es ja nur eine Episodenrolle war. So komisch, so verschieden können Geschmäcker sein.« (Armin Mueller-Stahl)

»Mit einer ellenlangen Wirtshausrauferei, einem ebensolchen Wäschefest und den humorlosen Plänkeleien zwischen Kurfürst und Krautjunkern wirft er uns ›Bälle‹ zu, die wir schon nach kurzer Zeit als Gähnen zur Leinwand zurückschicken. Natürlich gibt es auch Szenen, die diesen Film bewegt und unter Lachen ablaufen lassen. Wie etwa bei Lissy Tempelhofs praller und listiger Rittersfrau. Auch Armin Müller-Stahl (sic!) hat Sinn für das maßvolle Ausspielen komischer Situationen, lockert mit seinem spiel- und liebestollen Würdenträger ein wenig unsere Lachmuskeln.« (Hans-Dieter Schütt, Junge Welt, Berlin, 11.9.1973)

»Der Dechant (Armin Mueller-Stahl) aber ist fast die interessanteste Figur, weil wir ihm so widersprüchlich begegnen. Er kennt sich in der Bibel ebenso gut aus wie in Schurkereien und unter Röcken.« (Klaus Hannuschka, Märkische Volksstimme, Potsdam, 11.9.1973)

Kit & Co. – Lockruf des Goldes

Inhalt: Im Jahre 1897 macht sich der junge kalifornische Journalist Kit Bellew (Dean Reed) auf den Weg nach Alaska, um als Goldsucher sein Glück zu machen. Bald nach seiner Ankunft schließt sich der Grünschnabel mit dem erfahrenen, aber glücklosen Rauhbein Shorty (Rolf Hoppe) zusammen. Die beiden werden zu einem schlagkräftigen Duo, das zunächst nicht die Claims rund um den Klondyke, sondern die Saloons von Dawson City unsicher macht. Kit und sein Kumpel entdecken im Saloon des geldgierigen Slavovitz (Armin Mueller-Stahl) beim Roulettspiel ein todsicheres System. Doch ihre Glückssträhne ist nur von kurzer Dauer. Deshalb versuchen die beiden Freunde, ein Monopol mit dem Handel von frischen Eiern aufzubauen. Auch dieser Plan schlägt fehl. Schon bald gehen sie mit ihrer eisgekühlten, leider aber verfaulten Ware in Konkurs.

Endlich schlägt die große Stunde von Kit & Co. Sie siegen beim großen Hundeschlittenrennen und bekommen als Prämie einen

In der Jack London-Verfilmung ›Kit & Co. – Lockruf des Goldes‹ hat Armin Mueller-Stahl nur einen kleinen Part als Saloon-Besitzer

Claim, der eine wahre Goldgrube sein soll, zugeteilt. An dem unermeßlichen Reichtum darf auch ihr einstiger Kontrahent Wild Water Bill (Manfred Krug), der inzwischen zu einem engen Freund wurde, teilhaben. Schließlich lacht auch noch das Liebesglück. Die schöne Joy (Renate Blume), die Kit anfangs noch als naiven Neuling verspottet hatte, sinkt nun ihrem Goldjungen freudestrahlend in die Arme.

Zum Film: Auch mit »Kit & Co.« kann sich Konrad Petzold keinen Platz in der Filmgeschichte sichern. Sein auf fünf Kurzgeschichten von Jack London basierender Abenteuerfilm zielt lediglich auf oberflächliche Effekte und platte Komik ab. Die erste London-Adaption der Babelsberger Studios, die in Zusammenarbeit mit Mosfilm und Barrandov/Prag in Farbe und Breitwand entstand, wirkt wie ein müder Abklatsch der notorischen Weihnachtsmehrteiler der westdeutschen Fernsehanstalten. Erwähnenswert höchstens der Aufwand, der für den Film betrieben wurde: So scheute man sich nicht, für das Hundeschlittenrennen mehrere Vierbeiner einige tausend Kilometer zu transportieren.

Zitate:
»Ich spielte in dieser Zeit hauptsächlich dramatische Rollen. Mit Petzold aber hatte ich folgende Vereinbarung: Ich spielte bei ihm kleine Rollen, die ich selbst erfinden durfte. In ›Kit & Co.‹ war ich nur ein Kellner, eine Figur, die im Drehbuch gar nicht vorhanden war, und er ließ mich improvisieren. Ich saß in der Maske, habe mir eine Perücke, dazu Brille und Bauch, ausgedacht und mir die ganze Rolle selbst geschrieben. Nebenbei gesagt, wurde es die erfolgreichste Rolle im Stück. Obwohl Petzold weder meinen Herzschlag noch sonst mein inneres Wesen bewegte, bin ich ihm dafür dankbar, daß wir diese Übereinkunft getroffen haben.« (Armin Mueller-Stahl)

»Die Leistungen der Darsteller dieses Überlangweilers lassen sich kaum gerecht beurteilen, denn es wurden ihnen keine abverlangt. Dean Reed darf enorm schön sein, frieren, schwitzen, herumstehen und schlittenfahren. (...) Das einzige Kabinettstück liefert Armin Mueller-Stahl als ostpreußisch parlierender Saloon-Besitzer. Um den Film wenigstens partiell nutzbar zu machen, sollte man diese Szenen zugunsten der Fernsehsendung Tele-Lotto herausschneiden.« (n. n., Eulenspiegel, 6.1.1975)

»Unterhaltsamer, im Einsatz von Dekors und Schauplätzen stilsicherer Abenteuerfilm, der die humorvollen Akzente der Geschichte betont.« (Lexikon des Internationalen Films)

»Langweiliger und künstlerisch unzulänglicher Streifen nach Erzählungen Jack Londons. Ab 6 Jahre, doch ohne Empfehlung.« (Filme in der DDR)

Jakob der Lügner

Inhalt: In einem polnischen Ghetto gegen Ende des Jahres 1944 schnappt der Jude Jakob Heym (Vlastimil Brodsky) durch Zufall eine Meldung aus einem Gestapo-Radio auf. Darin wird mitgeteilt, daß die Russen 20 Kilometer vor Bezankina stehen. Hoch erfreut will er diese sensationelle Nachricht an seine Leidensgenossen weitergeben. Doch niemand schenkt ihm Glauben. Erst als Jakob beteuert, selbst ein Radio zu besitzen, werden die Zweifel ausgeräumt. Wie ein Lauffeuer spricht sich die Neuigkeit herum – dieses Fünkchen Hoffnung ist wichtiger als ein Stück Brot und hilft, die SS-Schikanen zu ertragen.
Wieder und wieder füttert der alte Heym das Ghetto mit neuen Erfolgsnachrichten, verstrickt sich dabei immer tiefer in sein Netz aus Lügen. Doch niemand scheint sein Spiel zu durchschauen: Der junge Mischa (Henry Hübchen) rennt überglücklich zur Familie Feingold und hält um die Hand ihrer Tochter Rosa (Blanche Kommerell) an. Jakobs bester Freund, der Friseur Kowalski (Erwin Geschonneck), träumt von einer gemeinsamen Zukunft, und das kleine Waisenkind Lina (Manuela Simon), das bei Jakob lebt und schwer erkrankt ist, wird wieder gesund.
Doch als die Russen auch nach langer Zeit des Wartens nicht auftauchen und immer mehr Menschen aus dem Ghetto abtransportiert werden, schwindet die Hoffnung. Jakob hält es schließlich nicht mehr aus, mit der Lüge zu leben. Er beichtet seinem besten Freund Kowalski, daß er gar kein Radio besitzt. Diese grausame Wahrheit ist zuviel für den desillusionierten Friseur. Wenig später begeht er Selbstmord. Darauf entschließt sich Jakob, bei seiner Lüge zu bleiben. Armin Mueller-Stahl taucht in einer kleinen Rolle als Ghetto-Insasse auf, der mit Kowalski ein Zimmer teilt.

Zum Film: Frank Beyers achter Kinofilm ist in vielerlei Hinsicht bemerkenswert. In seinem ersten Farbfilm greift der Regisseur

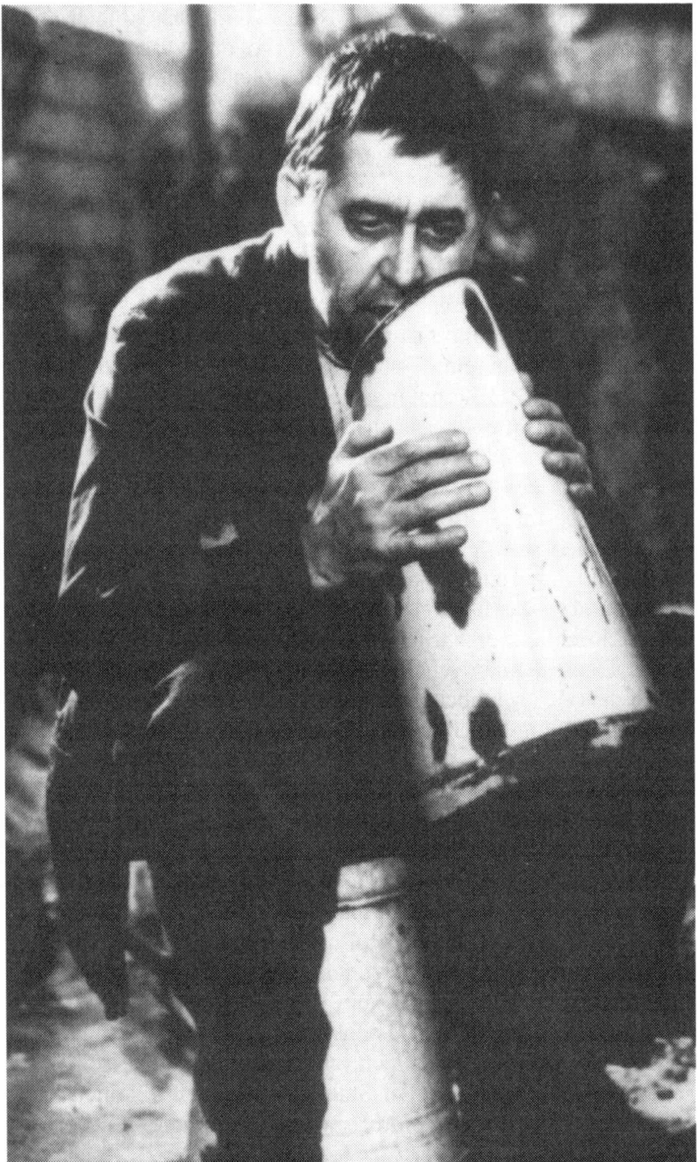

Vlastimil Brodsky ist ›Jakob der Lügner‹

nach »Nackt unter Wölfen« 1974 erneut das Thema der Judenverfolgung durch die Nationalsozialisten auf. Als Grundlage dient ihm der gleichnamige eindrucksvolle Erstlingsroman Jurek Beckers, der einen Großteil seiner Kindheit im Ghetto und Konzentrationslager verbracht hatte und selbst das Szenarium verfaßte. »Jakob der Lügner«, eine Co-Produktion zwischen der DEFA und dem Fernsehfunk, erlangte bei der internationalen Kritik große Anerkennung. Unter anderem wurde er 1977 für den Oscar als bester ausländischer Film nominiert, und Vlastimil Brodsky gewann auf den Berliner Filmfestspielen den »Silbernen Bären« (1975) für seine Interpretation der Titelrolle. Armin Mueller-Stahl spielte hier nur eine unwesentliche Rolle. Dies sollte sich jedoch 16 Jahre später ändern. In »Bronsteins Kinder«, der auch auf einem Roman von Jurek Becker basiert und erneut jüdische Problematik zum Inhalt hat, ist er es, der den Part des Protagonisten übernimmt.

Zitate:

»Die Geschichte von Jakob ist voller Poesie; Komisches steht neben Tragischem, Absurdes, Reales und Märchenhaftes durchdringen einander. Eine Geschichte mit hintergründigem Witz und tiefer Traurigkeit, die ganze Spannweite menschlicher Existenz ausmessend... Die Geschichte endet tragisch und doch nicht pessimistisch, der Gedanke von der unzerstörbaren Menschenwürde wird verteidigt bis zum Schluß.« (Frank Beyer, Neues Deutschland, 17.12.1974)

»Für mich ist ›Jakob der Lügner‹ der bisherige Höhepunkt im Schaffen Frank Beyers. Schade, daß der Film nicht zuerst im Kino lief, sondern seine Premiere im Fernsehen hatte. So wurde der Kinoeinsatz nicht der Erfolg, den man gerade diesem Film gewünscht hätte.« (Rolf Richter, DEFA-Spielfilm-Regisseure, Band 2, S. 31)

»Der Film ist mit Engagement, Takt und formaler Beherrschung gemacht, huldigt ansonsten aber einem traditionellen Erzählstil.« (Ulrich Gregor, Geschichte des Films, Band 4, S. 389)

Nelken in Aspik

Inhalt: »Von Erfurt bis zum Pazifik schenkt man sich Nelken in Aspik.« Dieser Spruch stammt von dem ziemlich mittelmäßigen Zeichner Wolfgang Schmidt (Armin Mueller-Stahl), der im »Haus

der Werbung« beschäftigt ist. Aber das fällt nicht weiter auf. Der gute Schmidt ist nämlich ein Vereinsmeier par excellence. Er ist Mitglied beim Sportverein, beim Brandschutz, im Krippenbeirat und fleißiger Besucher zahlreicher Lehrgänge – und Schmidt hat noch ein Talent: Er redet und redet, nicht sinnvoll, dafür doch imponierend.
Eines Tages verliert der Werbezeichner bei einem Unfall seine Schneidezähne. Der Psychiater (Norbert Christian) empfiehlt: täglich 24 Stunden Schweigen. Dieses Unglück sorgt für einen ungeahnten Karriereschub, denn sein Schweigen wird von Generaldirektor Huster (Erik S. Klein) als Zeichen besonderer Fähigkeiten gedeutet. Schmidt wird als Exporteur ins Ausland geschickt und findet sich bei seiner Rückkehr unversehens auf dem Stuhl des Betriebsdirektors wieder.
Bald wird dem großen Schweiger die Höhenluft seines Postens zu dünn. Absichtlich stellt er allerlei Blödsinn an. So läßt er eine sogenannte weiße Werbewoche veranstalten, eine Woche, in der überhaupt keine Werbung stattfindet. Endlich wird die Chefetage auf die Mißerfolge aufmerksam. Schmidt wird abgelöst und findet als Reiseleiter einen adäquaten Arbeitsplatz. Dank seiner dritten Zähne kann er nicht nur wieder nach Herzenslust parlieren, sondern auch um die Hand seiner lange angebeteten Kollegin Cilly (Helga Sasse) anhalten.

Zum Film: Reischs Komödien, die eher beim Publikum ankamen als bei der Kritik, erreichten selten die Qualität der Filme seines »Ziehvaters« Kurt Maetzig, dessen ständiger Regieassistent er von 1949 bis 1955 war. »Nelken in Aspik« ist ein Produkt von Regisseur Reisch und dem Drehbuchautor Kurt Belicke, die bereits bei »Ein Lord am Alexanderplatz« zusammengearbeitet hatten. Sieht man von der Schauspielkunst Armin Mueller-Stahls ab, der es einmal mehr versteht, selbst der undankbarsten Rolle etwas Glanz zu verleihen, versinkt dieses Konglomerat ältester Slapstick-Elemente vollends in der Bedeutungslosigkeit.

Zitate:
»Grotesk-satirisches Gegenwartslustspiel, das Nachdenkenswertes in heiterer Form vermitteln will. Durch ein Zuviel an grotesker Übertreibung ins Klamottenhafte abrutschend.« (Filme in der DDR)

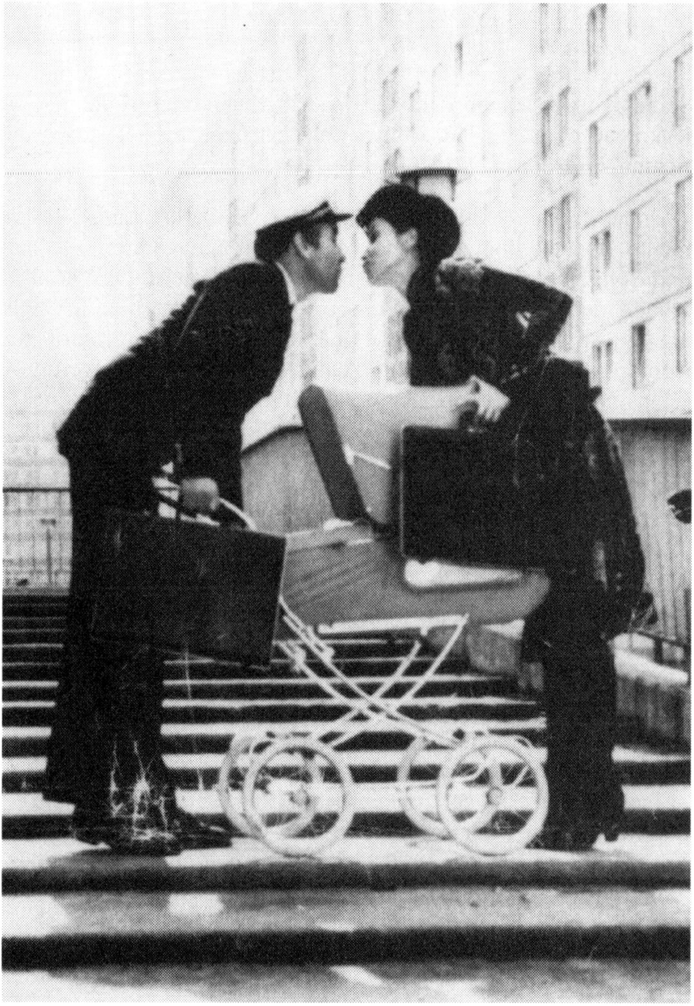

Mehr Groteske als Satire: ›Nelken in Aspik‹

»Beim erfreulichen Unternehmen, Überholtes und Schädliches lächerlich zu machen, waren Günter Reisch und seinem Kollektiv alle dem Spaß und Humor verbundenen Mittel recht. Es wird parodiert und ironisiert, Zeit gerafft und Klamauk gemacht. (...) Und doch bietet diese ›exzentrische Komödie‹ nicht das große Vergnügen, das Aufwand, Besetzung und Thema erwarten ließen. Nicht jeder ›Tiefsinn im Unsinn‹ gelangt an die Oberfläche. Die Hauptakteure, voran der beachtlich zischelnde Armin Mueller-Stahl, bahnen sich mühsam den Weg durch eine zu turbulente und locker aufbereitete Handlung.« (ele, Sächsische Neueste Nachrichten, Dresden, 12.9.1976)

»Armin Mueller-Stahl in der Hauptrolle hat allerlei komische Momente, doch zu überzeugen vermag er halt mangelnder Substanz und Souveränität in Buch und Inszenierung kaum. Das ist alles schade, denn man hätte Reisch ob seines konsequenten Mühens um die so bitter notwendige gute Kinounterhaltung gern gewünscht, daß seine Nelken in Aspik ein Lachschlager werden.« (Hans-Dieter Tok, Leipziger Volkszeitung, 24.9.1976)

Die Flucht

Inhalt: Dr. Schmith (Armin Mueller-Stahl), Facharzt und Spezialist für Frühgeburten, darbt unter seinen Möglichkeiten in einer Provinzstadt der DDR vor sich hin. Da die zuständigen Behörden sein wissenschaftliches Großprojekt aus finanziellen Gründen ablehnen, schließt er einen Vertrag mit einer BRD-Fluchthelfer-Organisation. Denn ein gerissener Menschenhändler (Rolf Hoppe) verspricht ihm nicht nur eine Chefarztstelle im Westen, sondern auch die Verwirklichung seines Forschungstraums.
Unterdessen ändern sich die Vorzeichen: Dr. Schmith verliebt sich in die attraktive junge Kollegin Katharina (Jenny Gröllmann) – und zur großen Überraschung erteilen die Verantwortlichen aus Berlin grünes Licht für sein Projekt. Der ambitionierte Doktor erhält sogar die Erlaubnis, an einem Ärztekongreß in Köln teilnehmen zu dürfen. Doch dort taucht der Menschenhändler, ein skrupelloser Erpresser, auf und pocht unter massiven Drohungen auf Einhaltung des Vertrages.
Zurück in der DDR, entschließt sich Dr. Schmith zur Flucht, obwohl gerade ein Kollege an der österreichisch-ungarischen Grenze mit falschen Papieren geschnappt wurde. Von seinem Vater (Gerhard Bienert), einem ehrlichen Arbeiter, und seiner geliebten Katharina, die ebenfalls nicht zur Landesverräterin werden will, verstoßen, ist der verzweifelte Arzt nun auf sich allein gestellt.
Er trifft sich auf einem Autobahn-Parkplatz mit seinen Fluchthel-

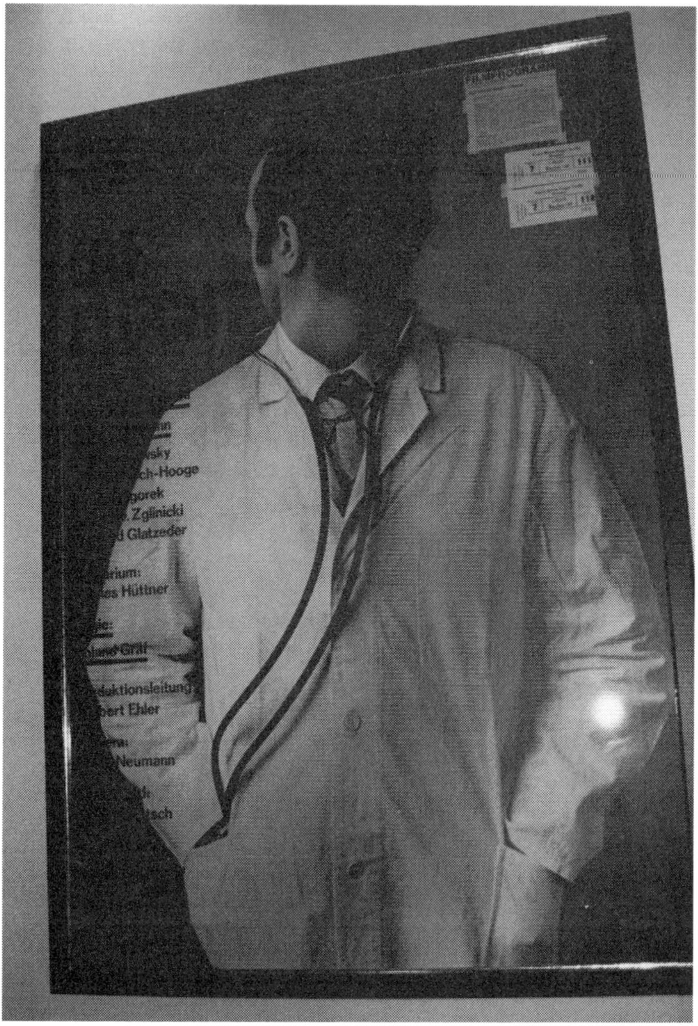

Auf dem Plakat von Armin Mueller-Stahls letztem DDR-Kinofilm mit dem aussagekräftigen Titel wurde dem unliebsam gewordenen Schauspieler der Hals »umgedreht«

fern, zwei LKW-Fahrern. Doch aus Angst, er könne sie verraten, stoßen die Männer Dr. Schmith aus dem Lastzug. Wenig später stirbt er an den Folgen des Sturzes.

Zum Film: Roland Gräf versucht in seinem dritten Spielfilm, »Die Flucht« (1976/77), die Beweggründe zu erfassen, die einen angesehenen, keineswegs leichtfertigen Mann dazu veranlassen, seiner Heimat den Rücken zu kehren und sich auf professionelle »Menschenhändler« einzulassen.
Besonders interessant ist in diesem Zusammenhang der Umstand, daß der Regisseur seine Geschichte durchaus mit Stilelementen des Kriminalfilms versieht, einem Genre, das es im DDR-Kino eigentlich nicht gibt. Das Fehlen dieser Leinwandgattung erklärt sich dadurch, daß es im Sozialismus angeblich keine Kriminalität gibt.
Die Thematik von »Die Flucht« sollte für den Hauptdarsteller nur kurze Zeit später Realität werden. Nachdem Armin Mueller-Stahl die Biermann-Petition, die sich gegen die Ausweisung des Künstlers im November 1976 aussprach, unterschrieben hatte, wurde er von der DEFA und dem Politbüro kaltgestellt. Um seine Karriere fortsetzen zu können, entschloß sich der damals 50jährige zur Übersiedlung in den Westen. Da er zur Zeit des Kinostarts schon als »persona non grata« galt, wurde das Plakatmotiv kurzfristig verändert.
Man »drehte« Armin Mueller-Stahl kurzerhand »den Hals um«. Das heißt: Man zeigte zwar die Frontansicht seines Körpers, jedoch anstelle seines Gesichts nur den Hinterkopf.

Zitate:
»Ein handwerklich sauber inszenierter Film, der Probleme in der DDR vergleichsweise offen diskutiert, dem eine psychologische Motivierung jedoch nur unvollkommen gelingt.« (Lexikon des Internationalen Films)

»Armin Mueller-Stahl gibt der Gestalt des Dr. Schmith viele psychologische Nuancen, bringt dem Zuschauer die Kurzsichtigkeit und das Verhängnisvolle einer Flucht vor sich selber und ihrer möglichen Konsequenzen nahe. (...) Roland Gräf hat sich mit seiner künstlerischen Arbeit als Kameramann und als Regisseur weitgehend dem Gegenwartsfilm verschrieben. Solches Bemühen um Zeitbezogenheit, um die Gestaltung aktueller Konflikte verdient nachdrücklich Anerkennung und Ermunterung. Mit dem Film ›Die Flucht‹ haben Hannes Hüttner und Roland Gräf in ihrem künstlerischen Schaffen eine neue interessante Seite aufgeschlagen.« (Horst Knietzsch, Neues Deutschland, 21.10.1977)

»Armin Mueller-Stahl als Schmith vermag denn auch nicht mehr als zerquälte Unentschlossenheit und bockige Unzulänglichkeit, Jenny Gröllmann kaum anderes als verständnisloses Erstaunen zu zeigen.« (E. M., Liberal-Demokratische Zeitung, Halle, 3.11.1977)

»Auch den Filmkritikern der DDR hat bezeichnenderweise einiges nicht gefallen. Natürlich wird kein Defa-Film verrissen, zumal diesmal hervorragend gespielt wird, bis in die letzte Charge hinein. Der Kritiker der ›Jungen Welt‹, der Zeitschrift der kommunistischen Jugendorganisation, ist zwar zufrieden, daß die ›Abscheulichkeit des Verrats‹ nicht verwischt wird, kritisiert aber das ›Schablonenbild eines Menschenhändlers, das der realistischen Konfliktsituation Abbruch tut‹. (...) Die ›Berliner Zeitung‹ bemängelt, (...) daß der Film seinem Anspruch nicht standhalten könne. Aber eben diesen Anspruch, die Republikflucht eines tüchtigen, sympathischen Arztes glaubwürdig zu erklären, das vermag in der DDR kein Regisseur und auch nicht Drehbuchautor Hannes Hüttner. Denn dann müßte die ›realistische Konfliktsituation‹ gezeigt werden. Über sie spricht die DDR natürlich ständig, aber niemals in der Film-Öffentlichkeit. So bleibt auch dieser Film nur ein düsteres Lehrstück. Aber genau das sollte er ja sein.« (Hans Herbert Götz, Frankfurter Allgemeine Zeitung, 11.11.1977)

Lola

Inhalt: Deutschland im Herbst des Jahres 1957. Die Adenauer-Ära, die Zeit des Wirtschaftswunders. Im Schlepptau des erfolgreichen Baulöwen Schuckert (Mario Adorf) treffen sich die Honoratioren nachts in der Villa von Frau Fink (Sonja Neudorfer) und lassen sich von Madame und ihren Mädchen verwöhnen. Star des Abends ist Lola (Barbara Sukowa), die eigentlich Marie-Louise heißt und eine kleine Tochter hat. Wenn sie singt und tanzt, liegen ihr die Männer zu Füßen. Lola kommt stets in Begleitung von Herrn Esslin (Matthias Fuchs), einem kleinen Angestellten, einem Träumer und Moralisten, der genau weiß, wie der gerissene Schuckert zu seinem Reichtum gekommen ist – und ihn dafür haßt. Thema des Abends ist Herr von Bohm (Armin Mueller-Stahl), der neue Baudezernent der Stadt. Man sagt, daß er nicht korrupt sei, und fragt sich, ob er das Spielchen der Stadt mitspielen wird. Lola wird auf von Bohm aufmerksam. Sie trifft sich außerhalb der Villa

›Lola‹ (Barbara Sukowa) erweckt in dem ehemaligen Ost-Beamten (Armin Mueller-Stahl) Beschützerinstinkte

Fink mit ihm. Die beiden beginnen eine Affäre. Als der Baudezernent Lola mit den Honoratioren bekannt machen will, erscheint sie nicht, sondern schickt ein Abschiedstelegramm.
Unterdessen will Esslin von Bohm zeigen, wer in der Stadt das Sagen hat. Er nimmt ihn mit in die Villa Fink. Dort sieht von Bohm Lola, die auf sein Erscheinen mit einem aggressiven Striptease reagiert. Nun ist es der ehrenwerte Baudezernent, der Schuckert, die Hure und alle anderen zerstören will. Da hat der Baulöwe die rettende Idee. Lolas Tochter bekommt einen adeligen Vater. Jetzt gehört Lola ebenso dazu wie ihr Gatte Herr von Bohm. Alle spielen das Spiel mit. Esslin arbeitet nun für Schuckert, der sein lang ersehntes Bauprojekt bekommt. Die Machtverhältnisse sind geklärt, alles bleibt beim alten.

Zum Film: 1981 gibt Armin Mueller-Stahl sein Kinodebüt im Westen. Mit einem Schlag wird der Mime dem breiten (West-)Publikum bekannt. Niemand Geringerer als der geniale Rainer Werner Fassbinder, Deutschlands profiliertester Filmemacher, der ihn in

Tom Toelles TV-Film »Ich möchte fliehen« gesehen hatte und begeistert gewesen war, verpflichtete Stahl für die Hauptrolle in »Lola«, den dritten Teil seiner »Gesamtgeschichte der Bundesrepublik Deutschland«. Folge 1 war »Die Ehe der Maria Braun« gewesen; Teil 2, »Die Sehnsucht der Veronika Voss«, sollte im Jahr darauf entstehen. Weitere Folgen bis zur Gegenwart waren geplant.

Zitate:
»So wenig ›Lola‹ eine Aufbereitung des ›Blauen Engel‹ ist, so wenig ist der Film auch eine Verlängerung der ›Ehe der Maria Braun‹, wenngleich sich einige Anspielungen darin finden. Gegen Ende von ›Lola‹ blickt die Kamera vorbei an einer Gasarmatur in einer Villa, doch nun findet keine Explosion mehr statt, kein furioses Finale. Zwar hört man im Radio schon wieder von einer Fußball-Weltmeisterschaft, aber man schreibt das Jahr 1958, und Deutschland wird als Champion entthront, während Adenauer seinen Wahlkampf mit dem Slogan »Keine Experimente« führt. Handelte ›Die Ehe der Maria Braun‹ vom ersten Aufbau nach der Zerstörung, so geht es in ›Lola‹ bereits wieder um die erste Zerstörung nach dem Aufbau. Selbst die Amoralität hat sich geändert, ist nicht

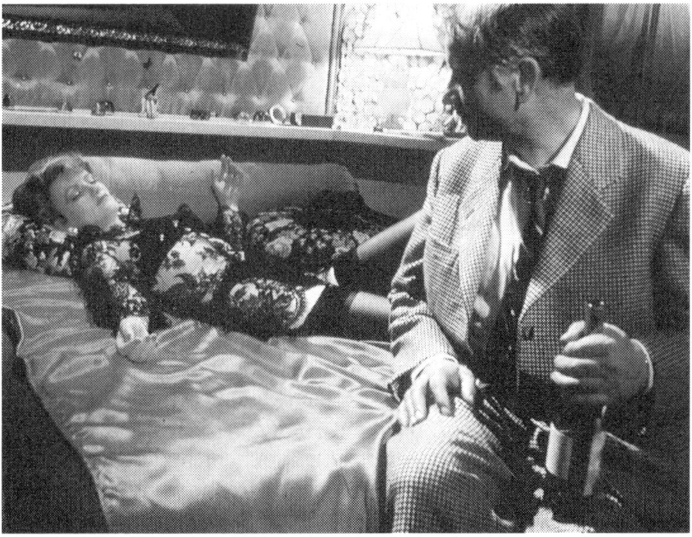

Armin Mueller-Stahl und sein Objekt der Begierde, ›Lola‹ (Barbara Sukowa)

mehr naiv, sondern kalkuliert. (...) Viele Szenen in ›Lola‹ muß man mit ihren Gegenbildern sehen: Zur heilen Begegnung Bohms mit Lola in einem Heuschober gehört eine zweite, kaputte am Bett ihres Arbeitsplatzes; und zu ihrem Ausbruch der seine, ein kleiner Aufstand zwischen Schreibtisch und Papier, eine Kriegserklärung mit vorprogrammierter Resignation. Grandios gehen Sukowas Partner, Armin Mueller-Stahl (Bohm) und Mario Adorf (Schuckert), diese Parforcetour mit.« (H. G. Pflaum, Süddeutsche Zeitung, 21.8.1981)

»Die Schauspieler spielen ihre Rollen komödiantisch und treffen damit genau den Stil des Films. (...) Armin Müller-Stahl (sic!) darf auch tiefe Verzweiflung mimen, und tut es überzeugend, (...)« (Wilhelm Roth, Rainer Werner Fassbinder, Reihe Film 2, 4. Auflage, Hanser Verlag, 1983, S. 252)

Die zehn besten Schauspieler: Armin Müller-Stahl (sic!), Klaus Löwitsch, Dirk Bogarde, Ulli Lommel, Harry Baer, Lou Castel, Hark Bohm, Gian-Carlo Gianinni, Günther Kaufmann, Volker Spengler (R.W. Fassbinder, Antworten auf eine Umfrage von Joe Hembus, veröffentlicht in »Der deutsche Film kann gar nicht besser sein«, Rogner & Bernhard, München 1981, S. 394)

»(...) bewährte, noch nicht verschlissene Darsteller wie Barbara Sukowa, Armin Mueller-Stahl, Matthias Fuchs in Hauptrollen: das alles gibt dem Film Gewicht.« (Dietmar Schmidt, epd Kirche und Film, Nr9/81, S. 25)

Der Westen leuchtet

Inhalt: Der Agent des Staatssicherheitsdienstes der DDR, Rainer Lesniak, der unter dem Decknamen Harald Liebe (Armin Mueller-Stahl) arbeitet, wird in die Bundesrepublik geschickt, wo er einen Informanten überprüfen soll. Es stellt sich heraus, daß dieser Informant eine attraktive Frau namens Dagmar Ostfeld (Beatrice Kessler) ist, die mit ihrer Tochter Ina (Melanie Tressler) ein luxuriöses Haus in München bewohnt. Sie liefert Nachrichten aus einem Luft- und Raumfahrtkonzern, doch nicht aus politischer Überzeugung, sondern aus persönlichen Rachegründen. Deshalb befürchtet die Staatssicherheit, daß sie als Doppelagentin tätig sein könnte und auch für den Verfassungsschutz arbeitet.
Im verführerischen Westen wird Liebe nicht nur von äußerem

Glanz und Luxus geblendet, sondern er erliegt auch dem Charme seiner Kollegin. Es entwickelt sich eine Liebesbeziehung, die von Mißtrauen, aber auch von gegenseitiger Neugier und Anziehung geprägt ist. Obwohl die beiden ständig von der Staatssicherheit, die ihre Kontrollkameras und Wanzen an allen nur erdenklichen Stellen angebracht hat, überwacht werden, können sie nicht voneinander lassen und geraten so in ein fein gesponnenes Netz von Intrigen, dem sie nur mit knapper Not entkommen können.

Zum Film: Regisseur Niklaus Schilling schrieb das Drehbuch zu »Der Westen leuchtet« eigens für den soeben aus der DDR übergesiedelten Armin Mueller-Stahl. In gewisser Weise stellt die Rolle des Agenten Liebe das Pendant zu der des Dr. Schmith aus »Die Flucht« dar. Während der Arzt aus Roland Gräfs Film beim Ausbruchsversuch aus der DDR noch kläglich scheiterte, gelingt es dem Spion aus Schillings Werk, sich in den Westen abzusetzen. So entstehen teils bewußt, teils unbewußt in Szene gesetzte Parallelen zu Stahls persönlichem Schicksal.

Zitate:
»Der Ostagent Harald Liebe ist sichtlich erschrocken und verwirrt, als ihm ein Mann mit roter Fahne strahlend versichert: ›Wir haben gewonnen!‹ ›Wer?‹ fragt Liebe verstört. Aber es handelt sich nur um ein Heimspiel der Bayern im Münchner Olympiastadion. ›Sie sind wohl noch nicht so lange auf deutschem Boden – ich meine WESTdeutschem Boden‹, erklärt sich der Bayernfan mit der Fahne Liebes Erschrecken.« (Zitat aus »Der Westen leuchtet«)

»Niklaus Schilling wollte diesen Film unbedingt mit mir machen. Wie eine Glucke hat er aufgepaßt, daß ich ja keine anderen Aufträge annehme. Ich habe zu ihm gesagt: ›Niklaus, ich muß leben. Ich hab' noch 3 000 Mark, und die hab' ich im Urlaub verbraucht. Also muß ich arbeiten.‹ In dieser Zeit stapelten sich ja keine Bücher auf meinem Tisch. Ich mußte nehmen, was mir angeboten wurde, und habe dann versucht, das Beste draus zu machen. Niklaus kam dann mit diesem Buch, und es war schlecht. Ich habe mich mit ihm hingesetzt und noch einmal die Dialoge geschrieben. Die Figur des Liebe hat mich sehr gereizt, einen Mann zu spielen, der verfolgt wird, der sich allmählich in seinen eigenen Fangstricken verfängt und dann plötzlich verschwindet. Leider ist das nur im ersten Teil des Films gelungen. Das Zuschnappen der Falle ist für mich nicht hörbar, nicht sichtbar geworden.« (Armin Mueller-Stahl)

»›Der Westen leuchtet!‹ ist ein Film von verführerischer Eleganz: hergestellt mit fließenden Bewegungen der nicht mehr an schwerfällige Schienen gefesselten ›Steadycam‹ von Wolfgang Dickmann (...) und durch Farben von einer seltenen plastischen Leuchtkraft. Schilling, der auf die technischen Neuerungen seines Metiers rascher reagiert als fast alle deutschen Regisseure, verschmähte die stumpfen Einheitsfarben von Kodak zugunsten des japanischen Fuji-Systems, das sogar eine Vereinsfahne von Bayern München im fernen Flutlicht vor dem abendlichen Olympiastadion als Zeichen der Waren-Welt zum Leuchten bringt. (...) Auch Harald Liebe, den der aus der DDR gekommene Star Armin Mueller-Stahl mit aufmerksamer Melancholie darstellt, versinkt in einer Welt, in der der Schein (das ist auch wörtlich zu nehmen) längst mächtiger ist als das Sein.« (H. C. Blumenberg, Die Zeit, 1.10.1982)

Die Sehnsucht der Veronika Voss

Inhalt: München im Jahre 1955. Der Sportreporter Robert Krohn (Hilmar Thate) lernt die ehemalige Schauspielerin Veronika Voss (Rosel Zech) kennen. Der einstige UFA-Star ist nicht nur attraktiv und aufregend, sondern gibt sich auch sehr rätselhaft. Als Robert sich in sie verliebt, versucht er, Veronikas Geheimnis zu ergründen.

Der Exehemann (Armin Mueller-Stahl) der Schauspielerin klärt den Liebhaber auf und erzählt von der Vergangenheit: Zunächst geht Veronikas Filmkarriere zu Ende, dann folgt die Zerstörung der Ehe, und schließlich kommt die Flucht in den Alkohol. Da sich keine neuen Filmangebote einstellen wollen, beginnt Veronika, Morphium zu nehmen. All dies geschieht unter der Obhut der niederträchtigen Ärztin Dr. Katz (Annemarie Düringer), die depressive Menschen abhängig macht, um an das Vermögen ihrer Patienten heranzukommen. Wenig später fallen diese von allen verlassenen Individuen einem perfekt inszenierten Mordplan zum Opfer.

Gemeinsam mit seiner Freundin Henriette (Cornelia Froboess) versucht Robert, der Ärztin das Handwerk zu legen. Doch das Vorhaben scheitert. Henriette wird ermordet. Nur wenige Tage später wird auch Veronika in einem kleinen Zimmer neben der

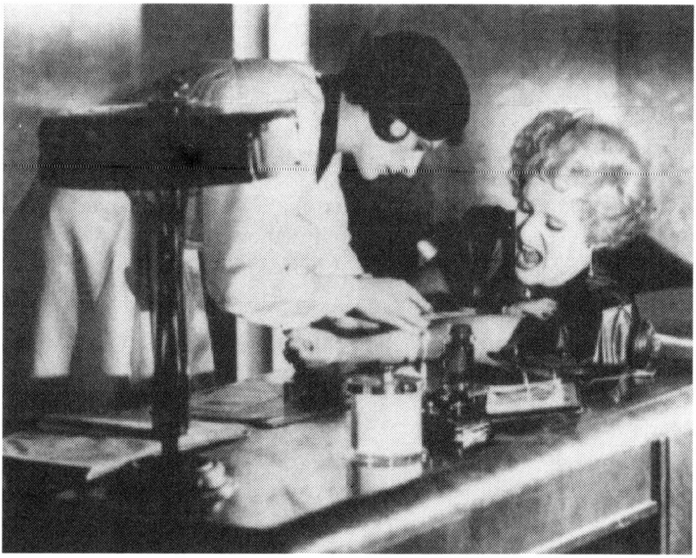

Rosel Zech leidet in der Titelrolle von Rainer Werner Fassbinders ›Die Sehnsucht der Veronika Voss‹

Praxis von Dr. Katz tot aufgefunden. Die Todesursache: eine Überdosis Schlaftabletten. Ohne Morphium wurde das Leben der Veronika Voss unerträglich.

Zum Film: Der zehnte Film Rainer Werner Fassbinders, in dem eine Frau im Mittelpunkt steht. Ein Film vom Leben in der Vergangenheit, ein Film über die Erinnerung und die Schwierigkeiten mit dem Leben in der Gegenwart. Armin Mueller-Stahls zweite und letzte Zusammenarbeit mit dem »enfant terrible« des deutschen Films. Statt in einer Hauptrolle tritt Stahl nur noch in einer Nebenrolle auf. Fassbinders Versuch, den Schauspieler seinem Clan, seiner »Familie«, einzuverleiben, scheitert. Armin Mueller-Stahl will sich in der Auswahl seiner Rollen und Regisseure die Freiheit bewahren.

Zitate:
»Die Suggestivkraft der ›Veronika Voss‹ beruht nicht nur in der gradlinigen, wirkungssicher erzählten Geschichte, sondern vor allem im Stil, einer grandiosen Imitation (die mehr als Plagiat ist) je-

nes Ufa-Melodrams, dem Veronika Voss ihre Erfolge verdankte. Der Schwarz-Weiß-Film ›Lili Marleen‹, nicht von einem Regisseur, sondern einem Spielleiter verantwortet, bewegt sich elegant an der Kippe zwischen Kunst und Kitsch, ist sicher mit mehr Distanz gemacht als die Schicksalsdramen jener Jahre.« (Wilhelm Roth, Rainer Werner Fassbinder, S. 258f)

»So wird ›Die Sehnsucht der Veronika Voss‹ auf unvermutete Weise etwa was es im deutschen Film schon lange nicht mehr gab: ein Schauspieler-Film.« (Peter Buchka, Süddeutsche Zeitung, 20.2.1982)

»Sehr attraktiv. Und spannend-sentimental. Doch ließ das Melodram am Ende seltsam kühl vor lauter Kunst.« (Ponkie, Abendzeitung München, 20.2.1982)

Die Flügel der Nacht

Inhalt:
»Der Adler fliegt durch die Sonne
Er wirft einen Schatten
Wo der Schatten des Adlers hinfällt,
Stirbt ein Mensch, ein Baum oder
eine Hoffnung.«

Der Film erzählt die Geschichte eines Aufstandes. Er erzählt von Rosa (Christine Boisson) und Elser (Michael König), die, wenn sie sich lieben, sich als Person nicht aufgeben.
Rosa ist eine sehr komplexe, unvorhersehbare Persönlichkeit, die durch ihren Körper Härte und Zerbrechlichkeit ausdrückt. Sie ist zugleich »realistisch« und vollkommen »phantastisch«.
Elser hat eine Utopie: ein leerer Kopf mit so viel Platz, daß man darin auch spazierengehen könnte. Elser muß sehr viel mehr Kraft als Rosa aufwenden, so zu sein, wie er sich wünscht zu sein. Er nennt das System, dem er entflohen ist, das »Phantom der Wirklichkeit«.
Goedel (Armin Mueller-Stahl), leitender Angestellter im Department VI des »Kulturinstituts für soziale Integration«, will den rebellierenden Elser in seine frühere Funktion zurückholen. Er setzt Rosa und Elser unter Druck und gerät über seine Sympathie zu den beiden in den Konflikt, Beruf und empfindsame Person miteinander zu verbinden.

»Eine abenteuerliche Reise durch Deutschland in der nahen Gegenwart.« (Aus dem offiziellen Festival-Katalog der 16. Internationalen Hofer Filmtage 1982)

Zum Film: Ein Film, der nahezu unter Ausschluß der Öffentlichkeit lief. Auf den Hofer Filmtagen Ende Oktober 1982 wurde der Film des Schriftstellers, Regisseurs und Filmhochschuldozenten Hans Noever von Presse und Publikum verrissen bzw. gnadenlos ausgepfiffen.

Zitat:
»Ich fand die Figur, die ich da spielte, schwach. Aber als ich sie dann auf der Leinwand sah, war ich angenehm überrascht. Noever hatte ihr mächtig Spielraum gegeben, und ich mochte das. Ich finde, daß der Film zu Unrecht runtergemacht wurde. So schlecht war er wirklich nicht.« (Armin Mueller-Stahl)

Der Mime ist sprachlos. Was halten Sie von ›Die Flügel der Nacht‹, Herr Mueller-Stahl?

Zwei Profis steigen aus

Inhalt: Die beiden Polizisten Rupert (Jean Rochefort) und Franck (Victor Lanoux) haben ein Alter erreicht, in dem man sich am liebsten zur Ruhe setzt. Rupert hat überdies auch genug von seiner Frau Patricia (Barbara Sukowa) und will sich von ihr trennen. Das trifft sich indes gut, da Franck schon lange ein Auge auf die Gattin seines Kollegen geworfen hat.
Durch Zufall erfährt das Polizistenduo von einem mysteriösen Deal, bei dem ein Koffer voll Heroin gegen einen Koffer voll Geld ausgetauscht werden soll. Die beiden beschließen, einen letzten großen Coup zu landen. Der Plan klappt hervorragend, das Rauschgift wird beseitigt, das Geld gerecht geteilt.
Aber Rupert und Franck haben sich zu früh gefreut. Ein mächtiger Mafia-Boß, genannt »Der Advokat« (Armin Mueller-Stahl), kann es gar nicht leiden, wenn man seine Geschäfte stört. Er setzt kurzerhand einen bezahlten Killer auf die diebischen Gesetzeshüter an. Mit List und Tücke können sie sich ein ums andere Mal aus brenzligen Situationen befreien. Aber »Der Advokat« läßt nicht locker.

Zum Film: Nach nur vier westdeutschen Filmen bekommt Armin Mueller-Stahl sein erstes französisches Angebot. Im durchschnittlichen Krimi von Michel Vianey, der hier versucht, sich an seinen Vorbildern Don Siegel und Howard Hawks zu orientieren, debütiert Stahl – mit der »alten Bekannten« Barbara »Lola« Sukowa an der Seite – als Gangster, einer Rolle, die ihm bisher zu spielen versagt war.

Zitate:
»Ich habe diesen Film nie gesehen und auch sonst kaum Erinnerungen daran. Aber ich glaube trotzdem, daß es ein guter Krimi war.« (Armin Mueller-Stahl)

»Kein Wunder also, daß der deutsche Co-Produzent darauf bestand, die Rolle des intelligent-zwielichtigen Gangsterbosses in dem Polizei-Film ›Zwei Profis steigen aus‹ mit Armin Mueller-Stahl zu besetzen. Als der ›Advokat‹ ist er ein lakonischer Mafioso von unantastbarer, fast okkulter Macht in elegantem Ambiente. Einer, der sich nicht die Finger schmutzig macht, der den Befehl zum Töten gibt – und kurz darauf gibt es einen Toten mehr. Dieser

Ein Ausflug in den französischen Krimi: Armin Mueller-Stahl in ›Zwei Profis steigen aus‹

›Advokat‹ ist ein höflicher, rationaler Teufel.« (Presseheft zu »Zwei Profis steigen aus«)

»Der Film, eine ansprechende Variante des Kriminalkinos, erzählt seine Geschichte als Konfrontation sehr unterschiedlicher Charaktere und entwickelt sich dabei zu einem ambitionierten Entwurf über Formen der Einsamkeit. Gegen Ende freilich wird das Netz aus Spannungsstück und psychologischer Studie recht grobmaschig.« (Lexikon des Internationalen Films)

Trauma

Inhalt: Anna (Birgit Doll) erledigt in einem Detektivbüro die Schreibarbeiten. Eines Tages nimmt sie ohne Wissen ihres Chefs und väterlichen Freundes Sam (Armin Mueller-Stahl) einen Auf-

Sam Spade läßt grüßen. Armin Mueller-Stahl als Detektiv Sam in Gabi Kubachs ›Trauma‹

trag an. Sie soll Maria, die seit dem Verlust ihres Kindes unter Depressionen leidet, suchen. Ohne eine Adresse zu hinterlassen, beginnt Anna in einem einsamen Haus an der französischen Küste, wo die Frau zuletzt gesehen wurde, mit den Recherchen.
Während ihrer Detektivarbeit hat Anna Visionen und Wahnvorstellungen. Es kommt zu einer totalen Identifikation mit der verschwundenen Maria. Ihre Suche treibt sie an den Rand des Irrsinns. Anna hat Angst. Sie merkt nicht, daß sie gegen ein Phantom kämpft. Doch es gibt kein Zurück.
Als Kind hat Anna ein Trauma erlitten. Ihr Forschen nach Marias Existenz ist in Wirklichkeit die Suche nach sich selbst, nach diesem verdrängten Kindheitserlebnis. Zwei Menschen könnten Anna behilflich sein. Sowohl die vorlaute Göre Christina (Janna Marangosov) als auch der zwielichtige Lehrer Lemaitre (Lou Castel) waren mit Maria befreundet.

Doch beide weigern sich strikt, Licht ins Dunkel zu bringen. Wollen sie Anna nur schützen, oder haben sie selbst Angst vor der Wahrheit?

Zum Film: Regiedebüt von Gabi Kubach, die im ostdeutschen Griebenow im Kreis Greifswald geboren wurde, in Dortmund aufwuchs und an der Münchner Hochschule für Fernsehen und Film studierte.
Ihr »Landsmann« Armin Mueller-Stahl ließ sich gern zuder Rolle des Detektivs Sam, der eigentlich viel lieber Romane schreibt, überreden, nicht zuletzt deshalb, weil er selbst schriftstellerische Ambitionen hegt und sich das Drehbuch vielversprechend las. Leider erwies sich die filmische Umsetzung des Skripts als Plagiat diverser Klassiker des Thriller-Genres.
»Trauma«, in den Jahren 1981 und 1982 realisiert, kam weder bei den zahlreichen Kritikern an, noch konnte er die Zuschauer ins Kino locken.

Zitate:
»Dem Film fehlt leider, wenn er vergleichbar wäre mit einem Tisch, ein Bein. Das Buch war ungeheuer spannend und hatte ›suspense‹ bis zum Schluß. Das hat man beim Film vermißt.
Ich habe mir den Film angesehen. Vor dem Kino stand eine große Menschenschlange, und ich dachte, toll, alle wollen ›Trauma‹ sehen. Als ich dann reinging, stellte ich fest, daß die Leute aufs Arbeitsamt, das sich eine Treppe höher befand, wollten. Tatsächlich saßen schließlich nur meine Frau, mein Sohn und ich im Kino. Wieder einmal ein trauriges Erlebnis mit dem deutschen Film.« (Armin Mueller-Stahl)

»Mag also der ausgeleierte Krimi-Detektiv ruhig ›Sam‹ heißen: Armin Mueller-Stahl triumphiert als unrasierter Ersatz-Vater über jede Sam-Marlowe-Schablone.« (Ponkie, Abendzeitung München, 19.10.1984)

»Vergeblich müht sich Birgit Doll um verzweifeltes Entsetzen, vergeblich kaut Armin Mueller-Stahl an einer Zigarettenkippe, vergeblich blickt Hanne Wieder wie die Sphinx in den Spiegel, der allerdings das Rätsel der Handlung ratlos auf den Zuschauer zurückstrahlt.« (Manfred Kreckel, Frankfurter Allgemeine Zeitung, 4.7.1984)

Der verführte Mann

Inhalt: 1982. Ein heißer Sommer in einer französischen Provinzstadt. Alle fahren in den Urlaub, nur Henri (Jean-Hughues Anglade) nicht. Er hängt am Bahnhof herum. Plötzlich bemerkt der junge Mann, daß ihn jemand verfolgt. Henri flüchtet in die Bahnhofstoilette. Dort muß er mit ansehen, wie Jean (Vittorio Mezzogiorno) einen hilflosen alten Mann zusammenschlägt. Dann drückt Jean Henri gegen die Wand und küßt ihn. Henri weiß nicht, ob er sich widerwillig abwenden oder die Zärtlichkeit über sich ergehen lassen soll. Als er sich plötzlich allein auf der Toilette wiederfindet, packt ihn die Angst.
Einige Tage später. Henri hält es bei seinen Eltern (ArminMueller-Stahl & Annik Alane) nicht mehr aus. Er will Jean unbedingt wiedersehen. Tatsächlich läuft er Jean in die Arme – und der nimmt ihn mit nach Hause, zu Elisabeth (Lisa Kreuzer), zu der Frau, mit der Jean zusammenlebt. Henri sucht Zärtlichkeit, wird aber von Jean jäh zurückgewiesen. Er bringt es sogar fertig, den unerfahrenen Jungen an einen Freier zu vermitteln.
Die Liebe zu Jean ist übermächtig. Überall sucht Henri nach dem geheimnisvollen Mann, der so starke Gefühle in ihm auszulösen vermag. In einem heruntergekommenen Eros-Center wird er schließlich fündig. Jean befindet sich im Drogenrausch. Henri kann zum erstenmal frei über den Körper des Objekts seiner Begierde verfügen...

Zum Film: Anfang der 80er wurde der ›poète maudit‹ Jean Genet wiederentdeckt. Rainer Werner Fassbinder adaptierte »Querelle« für die Leinwand, und Patrice Chéreau, der in Nanterre das Genet-Stück »Die Wände« auf die Bühne gebracht und Armin Mueller-Stahl in »Lola« bewundert hatte, erwies dem Dichter mit »Der verführte Mann« seine Reverenz und übertrug dem Schauspieler eine recht kleine Nebenrolle.

Zitate:
»Chéreau hatte mich sehr um meine Mitarbeit gebeten. Er verehrte Fassbinder und umgekehrt. Ganz nebenbei: Ich habe immer gerne mit Homosexuellen zusammengearbeitet. Wenn sie begabt sind, sind sie es besonders.« (Armin Mueller-Stahl)

»›Der verführte Mann‹ (...) ist ein ungeheuer gewalttätiger, obszöner Film, in dem Lust immer ein Fluch ist und Liebe nur erkauft

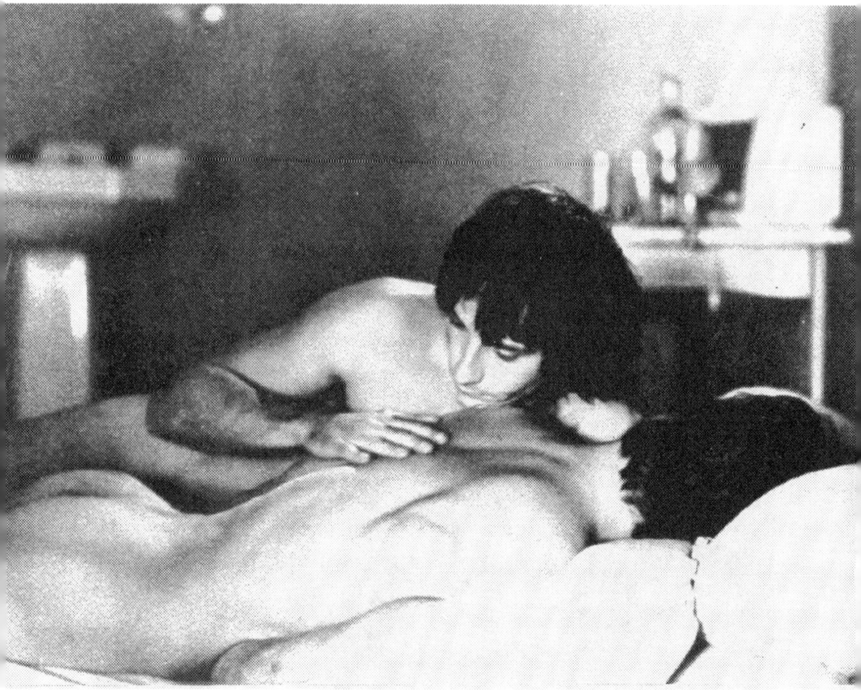

Armin Mueller-Stahls Filmsohn Jean-Hughues Anglade als ›Der verführte Mann‹

oder verraten wird.« (Michael Althen, Süddeutsche Zeitung, 5.9.1985)

»Ein ehrlicher kleiner, dreckiger Film über eine große Leidenschaft in einer kleinen, dreckigen Welt.« (Danielle Krüger, Spektrum Film)

Eine Liebe in Deutschland

Inhalt: Unruhe macht sich breit in Brombach, einem kleinen Städtchen in der Nähe der Schweizer Grenze. Denn ein Fremder ist mit seinem Sohn angekommen. Keiner will mit ihnen etwas zu tun haben, denn die Bewohner haben die Geschichte einer Liebe in Deutschland, die nicht sein darf, verdrängt.
Während ihr Mann als Soldat fernab der Heimat seinem Vaterland

Armin Mueller-Stahl und Hanna Schygulla in der Hochhuth-Verfilmung ›Eine Liebe in Deutschland‹

dient, hat sich Pauline (Hanna Schygulla) in den Polen Stani (Piotr Lysak) verliebt. Er wurde von den Deutschen zur Arbeit zwangsverpflichtet. Obwohl die beiden tiefste Gefühle zueinander hegen, kann ihre Liebe nicht von Dauer sein. Denn die nationalsozialistischen Kräfte dulden solch eine Beziehung um keinen Preis.
Alle verschwören sich gegen Pauline – nur am Ende will keiner et-

was mit der Hinrichtung zu tun gehabt haben. Elsbeth Schnitgens (Elisabeth Trissenaar), Paulines beste Freundin, leitet einen verräterischen Brief weiter. Maria Wyler (Marie-Christine Barrault) macht Pauline ihren Gemüseladen abspenstig. Bürgermeister Zinngruber (Friedrich G. Beckhaus) beruft sich auf Hierarchie und Gehorsam. Auch die beiden Männer, Untersturmführer Mayer (Armin Mueller-Stahl) und der intellektuelle polnische Häftling Victorczyk (Daniel Olbrychski), haben keinerlei Skrupel, die Todesstrafe an Stani durchzuführen. In einer Welt der Tyrannei und der Obrigkeitstreue haben Gefühle keinen Platz.

Zum Film: Ein brisantes Thema packte der Pole Andrzej Wajda 1983 an, als er Rolf Hochhuths gleichnamigen Roman »Eine Liebe in Deutschland« verfilmte. Hinter dem schlichten Titel verbarg sich politisch-historischer Sprengstoff, der sogar dazu führte, daß der ehemalige Ministerpräsident Baden-Württembergs, Hans Filbinger, mit seiner NS-Vergangenheit konfrontiert, unter dem Druck der öffentlichen Meinung am 7.8.1978 seinen Rücktritt erklärte.

Andrzej Wajda, ›Ekelpaket‹ und Regisseur von ›Eine Liebe in Deutschland‹

Zudem passierte, was bei Literaturverfilmungen ganz selten geschieht: Der Autor der Vorlage, der kritische Hochhuth, war mit der Umsetzung seines Stoffes durch den Filmemacher zufrieden.

Zitate:
»Wajda ist ein wirkliches Ekelpaket. Aber ich konnte wunderbar mit ihm, weil unser Erfahrungswert in Sachen Film nahezu übereinstimmte. So hat er zum Beispiel die gleiche große Liebe für ungewöhnliche Haltungen. Ich habe wirklich gerne mit ihm gearbeitet. Leider hat er jedoch die wichtigsten Szenen, die meine Figur betreffen, herausgeschnitten. Ich wollte als Mayer eine Figur zeigen, die zwischen ihrer eigenen Moral und Pflichterfüllung steht und sich entschließt, das Unmoralische zu tun, also einen Nazi ohne Klischees spielen.« (Armin Mueller-Stahl)

»Und Armin Mueller-Stahl, assistiert von Ralf Wolter, vollbringt einen grotesken Balance-Akt in der Rolle des Chefs der Geheimen Staatspolizei aus der benachbarten Kreisstadt. Mayer heißt er auf gut deutsch. Und das ist er auch. (...) Der Henker, dem es nicht in den Kopf will, daß man seine harte Arbeit nicht ausreichend würdigt, der nichts Böses im Schilde führt, nur seiner Pflicht genügt, das ist Mueller-Stahl in Vollendung.« (Bodo Fründt, Süddeutsche Zeitung, 6.12.1983)

»Der Vertreter des Militärs, ein Untersturmführer, den der hervorragende Armin Mueller-Stahl spielt, wird so zum Star des Films, zu der am besten erklärten Figur. Typischerweise ist dieser Soldat einer, der meistens (und leider nur manchmal vergebens) darum kämpft, alle persönlichen Regungen auszuschalten. Eine Figur, bei der es um (nationalsozialistische) Haltung geht. Ein Gegner, also ein Fall für Hochhuth. Das ist kein Lob: Wajda hat Hochhuth kongenial verfilmt. (Helmut Schödel, Die Zeit, 28.10.1983)

Glut

Inhalt: Die Schweiz gegen Ende des Zweiten Weltkriegs. Der kleine Andres Korb (Thomas Lücking) lebt mit seiner Industriellenfamilie in einem burgähnlichen Haus, das er als Falle empfindet. Sein Vater Francis (Armin Mueller-Stahl) ist ein zynischer, geldgieriger Waffenfabrikant, der seine Produkte an die Nationalso-

Katharina Thalbach in Thomas Koerfers ›Glut‹

zialisten liefert und der sich auch an politischen Intrigen beteiligt. Die laszive Claire (Katharina Thalbach), die Mutter, interessiert sich ausschließlich für Luxusgüter und steigt mit dem Bruder ihres Mannes (Matthias Habich) ins Bett. Nur der Großvater, der alte Oberst Wettach (Sigfrit Steiner), hat sich in einer unmenschlichen Welt ein wenig Würde bewahrt.

Eines Tages wird ein polnischer Flüchtling im Hause Korb eingestellt. In dieses Kindermädchen setzt Andres seine ganze Hoffnung. Er versucht, an seiner Willensstärke teilzuhaben, um sich so aus dem allmächtigen Schatten seines Vaters befreien zu können. Jahrzehnte später treffen die Polin (Krystyna Janda) und Andres (Armin Mueller-Stahl) erneut aufeinander. Sie ist inzwischen zu einer erfolgreichen Journalistin avanciert. Er dagegen hat die Geschäfte seines Vaters übernommen und produziert nun selbst Waffen. Andres hat resigniert, er konnte dem Vater-Syndrom nicht entfliehen. Auch aus ihm ist ein korrupter, profitbedachter Mann geworden.

Zum Film: Der Schweizer Filmemacher Thomas Koerfer (»Der Gehülfe«) wagte sich, ähnlich wie sein Kollege Markus Imhoof mit »Das Boot ist voll«, an ein in seinem Heimatland gern totgeschwiegenes Thema: die Kollaboration gewisser (Industriellen-) Kreise der neutralen Schweiz mit dem NS-Deutschland. Doch Koerfer weiß, wovon er spricht, entstammt er doch einer angesehenen

Industriellenfamilie. Für Armin Mueller-Stahl ist »Glut« der bisher einzige eidgenössische Film, in dem er aufgetreten ist – ebenso wie er sich darin an seiner bisher einzigen Doppelrolle versucht.

Zitate:
»Der Zuschauer stolpert über die raffiniert gemeinte Doppelbesetzung des Korb von 1943 und des jungen Korb von 1983 durch Armin Mueller-Stahl. Selbst die glanzvolle Besetzung ist in diesem Film fad. Wird mal ein bißchen Schweiz evoziert, so bricht das Dorftheater aus.« (Franz Rueb, epd Film, 1/1984, S. 33)

»Stilsicher, mit einer ausdrucksstarken Bildsprache gestalteter Film, der den Einfluß von Zeitgeschichte auf das private Schicksal des Menschen aufzeigt und die Beschreibung des Verhaltens der neutralen Schweiz zur Kritik an den fatalen Folgen von Fremdbestimmungen nutzt.« (Lexikon des Internationalen Films)

»Dieses Ineinanderfließen von Vergangenheit und Gegenwart, von Wirklichkeit und Raum, die glutvollen Symbole und die nicht immer einleuchtenden literarischen Reminiszenzen verwirren, mehr als notwendig, das sehr bunte und sehr laute Melodram, das genug Stoff für eine psychologisch-moralisierende Parabel geboten hätte.« (Manfred Kreckel, Frankfurter Allgemeine Zeitung, 2.6.1984)

Rita Ritter

Inhalt: In München lebt ein Schriftsteller (Annamirl Bierbichler), der Theaterstücke und Drehbücher schreibt. Doch niemand will seine geistigen Ergüsse inszenieren. Aus Frust heiratet er die Fernsehredakteurin Frau Holch (Barbara Valentin), die mehr an ihm als an seinen Drehbüchern Gefallen findet. Da auch seine Ehe bald ähnlich erfolglos verläuft wie seine Laufbahn als Schriftsteller, flieht er in den einzigen Glückszustand, den es je in seinem Leben gegeben hat: die Liebe zu einer Pariserin namens Rita (Christiane Cohendy). Er beginnt, sich selbst Rita zu nennen – und um sein Glück vollkommen zu machen, wird er sogar zur Frau, zu Frau Rita.
Als Frau Rita trifft er mit einem Regisseur zusammen, der eines der Theaterstücke von Rita inszeniert hat, und lädt ihn zur Aufführung nach Paris ein. An jenem Abend im Theater erkennt Rita,

daß eine der Schauspielerinnen seine ehemalige Geliebte Rita ist. Sie verabreden sich in einem Bistro, und wie in alten Tagen entflammt ihre Liebe zueinander aufs neue. Daß sie nun gleichen Geschlechts sind, ist dabei nicht hinderlich. Von Paris aus ziehen sie nach München weiter und machen sich dort über die politischen Zustände lustig.
Armin Mueller-Stahl taucht in einer Szene als zerstreuter Autorenfilmer namens Cloos auf, der sich beim Monologisieren über »normale stinkspannende Filme« und den Unterschied zwischen Kapieren und Denken stets durch das schüttere Haar streicht.

Zum Film: Herbert Achternbuschs »Rita Ritter« ist, wie schon sein »Der Neger Erwin«, ein Film über das Filmemachen. Ein Film freilich, wie alle Filme des bajuwarischen Querdenkers, der sämtliche

Tausend Mark für einen Monolog. Armin Mueller-Stahl in Achternbuschs ›Rita Ritter‹

(Kino)Konventionen sprengt. »Rita Ritter«, für viele Achternbuschs bestes Werk, ist eine offene Revolte gegen das Kino.

Zitate:
»Nach dem Fassbinder nicht mehr war, hat Achternbusch, den ich sehr schätze, irgendwie versucht, daß ich seine Figuren spiele. Er war letztendlich froh, als ich zusagte, den Monolog in ›Rita Ritter‹ zu sprechen. Er wollte mir erklären, wie man Monologe spricht, aber ich habe gesagt: ›Laß mich mal machen.‹
Achternbusch war wie ein Kind, er hat sich so gefreut; aber die Gage für einen Drehtag – ich glaube es waren 1000 Mark – hat er nicht gleich bezahlt. Für mich war diese Arbeit eine Art Solidaritätserklärung.« (Armin Mueller-Stahl)

»Auch wenn im Alternativ-Kino Bergerstraße in Frankfurt außer mir nur drei bärtige Personen am dritten Tag des Einsatzes von ›Rita Ritter‹ im Kino saßen: Die Welt ist nicht verloren, solange es Herbert Achternbusch gibt, der den Scheck des Petrarca-Preises zerreißt (20.000 Mark) und Filme macht, von denen er wünscht, daß sie keiner versteht. Einmal ist keinmal, sagt das Sprichwort. Aber einer ist mehr als keiner. Und tausend Kinokenner sind mehr als ein Zimmermann.« (Brigitte Jeremias, epd Film, 11/1984, S. 37)

»Lange Jahre hat sich Achternbusch geweigert, mit Berufsschauspielern zu arbeiten. Margarethe von Trotta und Branco Samarkovski blieben Ausnahmen. In ›Rita Ritter‹ dominieren die Stars: Eva Mattes, Barbara Valentin, Armin Mueller-Stahl und vor allem die wunderbare französische Schauspielerin Christiane Cohendy (...).« (Helmut Schödel, Die Zeit, 6.7.1984)

Tausend Augen

Inhalt: Gabriele Lang (Barbara Rudnik) führt ein pikantes Doppelleben. Tagsüber studiert sie Meeresbiologie und nachts verdient sie sich als »Cherie« in einer Hamburger Peep-Show das Geld für einen Flug nach Australien, wo ihr Freund auf sie wartet. Zwei der tausend Augen, die Gabrieles Körper jede Nacht sehnsuchtsvoll anstarren, gehören Arnold (Armin Mueller-Stahl). Auch er ist ein Mann mit zwei Gesichtern. Zum einen ist er der Manager der Peep-Show, zum anderen versucht er als Video-Pirat Geld für einen neuen Anfang, am liebsten an der Seite von Gabriele, zusam-

Die Video-Piratin und ihr Lakai. Gudrun Landgrebe und Armin Mueller-Stahl in ›Tausend Augen‹

menzusparen. Bei seinen Unternehmungen wird Arnold von der eifersüchtigen Peep-Show-Kassiererin Vera (Karin Baal) beobachtet. Sie ist es auch, die Lohmann (Gudrun Landgrebe), dem Boß der Video-Piraten-Bande, verrät, daß Arnold aussteigen will. Sie setzt ihren stummen Handlanger, den Killer Kargus (Peter Behrens), auf den Abtrünnigen an.
Als Arnold die Dummheit begeht, Gabriele in seine illegalen Geschäfte mit den Videokassetten einzuweihen, sind seine Tage gezählt. Er kann gerade noch verhindern, daß auch sein geliebtes Peep-Show-Girl Opfer von Lohmanns Intrigenspielen wird. Im letzten Augenblick kann er Gabriele zur Flucht nach Australien verhelfen. Endlich ist sie am Ziel ihrer Wünsche – aber die Wirklichkeit sieht anders aus als erwartet.

Zum Film: Man sieht »Tausend Augen« an, daß sein Regisseur, Hans C. Blumenberg, ein ehemaliger Filmkritiker ist. Das Leinwanddebüt des wohl profiliertesten deutschen Filmjournalisten ist nämlich gespickt mit Filmzitaten. Darüber vergißt Blumenberg leider, daß er eigentlich selbst einen Film inszeniert und keinen Volkshochschulkurs über »Filmsprache anhand ausgewählter Beispiele« abhält. So ist es wohl auch zu erklären, daß Armin Mueller-Stahl sich nicht wie gewohnt entfalten kann, sondern in stereotypische Rollenmuster schlüpft, die ihm vom Filmemacher vorgegeben wurden.

Zitate:
»Alles in allem findet Armin Mueller-Stahl ›Tausend Augen‹ ›den professionellsten Debut-Film, in dem ich je gearbeitet habe‹.« (Presseheft zu »Tausend Augen«)

»Als Filmkritiker habe ich Blumenberg geschätzt. Ich habe sofort begriffen, daß dieser Mann Filme liebt, daß er viel davon versteht. Nach ihm habe ich mich auch gerichtet, ob ich mir einen Film angesehen habe oder nicht. In der Kunst ist der Bauch wichtiger als der Kopf, bei Blumenberg verhält es sich andersherum. Noch. Aber er ist auf dem Wege ... Gerade sah ich einen wunderschönen Film über die Ufa von ihm.« (Armin Mueller-Stahl)

»Armin Mueller-Stahl (sic!) hat als Arnold nicht so viel Glück: Er stülpt sich eine Silberhaar-Perücke über und tut so, als wäre er nie Armin Mueller-Stahl gewesen.« (Inge Rauh, Fürther Nachrichten, 6.11.1984)

»Also ein normaler Erstlingsfilm, leider mißglückt, trotz der erkennbaren Ambitionen (oder vielleicht wegen dieser Ambitionen). Dem Regisseur ist keine günstige Prognose zu stellen, man ist nicht neugierig auf den nächsten Film. Es gibt Dinge, die man beim Filmemachen offensichtlich nicht lernen kann, sondern ganz einfach ›haben‹ muß.« (Maria Capponi, epd Film,9/1984, S. 34)

Bittere Ernte

Inhalt: Polen 1943. Im von den Deutschen besetzten Oberschlesien hat die Judenverfolgung durch die Nationalsozialisten ihren traurigen Höhepunkt erreicht. Aus einem Güterzug, dessen Insassen gerade zu den polnischen Vernichtungslagern transportiert werden, kann eine junge Frau fliehen.
Bald darauf findet der Gutsbesitzer Leon Wolny (Armin Mueller-

Stahl) die kranke, völlig unterernährte Jüdin Rosa (Elisabeth Trissenaar). Er versteckt sie in seinem Keller und pflegt sie gesund. Leon, der noch nie mit Frauen zurechtkam, sieht eine günstige Gelegenheit. Rosa ist völlig von ihm abhängig. Schamlos nützt er die Situation aus, versucht – manchmal mit Güte, manchmal mit Gewalt – den Widerstand zu brechen. Mehr aus Dankbarkeit und aus Furcht vor weiteren brutalen Anfällen läßt sich Rosa auf ein Verhältnis mit dem unberechenbaren Bauern ein. Im Laufe der Zeit gelingt es ihr sogar, so etwas wie Geborgenheit empfinden zu können.
Doch die Zeiten ändern sich schnell. Leon bekommt die Gelegenheit, durch die Heirat mit der häßlichen Eugenia (Margit Carstensen) noch mehr Macht und Reichtum zu erlangen. Jetzt will er den

Armin Mueller-Stahl in seiner preisgekrönten Rolle als Leon Wolny in ›Bittere Ernte‹ mit Elisabeth Trissenaar

unliebsamen Gast endlich loswerden, zumal die Schergen der Gestapo jedes erdenkliche Schlupfloch nach entlaufenen Juden absuchen. Aber Rosa begeht lieber Selbstmord, als in einem Konzentrationslager qualvoll zu sterben.

Zum Film: Armin Mueller-Stahl, der hier nach »Eine Liebe in Deutschland« zum zweitenmal mit Agnieszka Holland – sie war bei der Hochhuth-Verfilmung Co-Drehbuchautorin – zusammenarbeitet, tritt häufig in Filmen auf, die das »Dritte Reich« und den Zweiten Weltkrieg zum Inhalt haben. Dies erklärt sich dadurch, daß er sich als Mann mit politischem Gewissen durchaus der Vergangenheitsbewältigung stellt – solange diese differenziert und intelligent geschieht.

Zitate:
»Er ist eine sehr komplizierte Figur. Hier geht es darum, sozusagen beinahe normale Leute in Situationen zu zeigen, die sie zwingen, ›unnormal‹ zu werden. Die ganze Figur ist eine Gratwanderung zwischen der Brutalität und dem Schuß Menschlichkeit – der Leon muß ja noch verständlich bleiben. Ich habe meistens ein Bild von einer Rolle im Kopf. Wenn ich die Augen schließe, sehe ich die Figur, wie sie geht. Und so erarbeite ich sie mir, und langsam versuche ich die Figur von außen nach innen zu bekommen.« (Armin Mueller-Stahl in einem Gespräch mit Stephen Locke im Presseheft zu »Bittere Ernte«)

»Agnieszka Holland erzählt also eine realistische Geschichte. Deren Überzeugungskraft beruht fast vollständig auf dem Spiel der beiden Hauptdarsteller, denen die Kamera konsequent lediglich engen Raum läßt. Nur in wenigen Bildern öffnet sich der Raum wie der Türspalt einer Gefängniszelle.« (Bodo Fründt, Süddeutsche Zeitung, 25.1.1986)

»(...) schon die Hauptfigur ist eine Inkarnation von Widersprüchen, und es bedarf des ganzen Talents von Armin Mueller-Stahl, daraus kein Monstrum werden zu lassen.« (Hans-Günther Dicks, epd Film, 11/1985, S. 36)

»Während man Armin Mueller-Stahl den bäuerlichen Schlaumeier abnimmt, schafft er es nicht, den Katholizismus für sich zu reklamieren.« (kai, Abendzeitung München, 23.1.1986)

Oberst Redl

Inhalt: Das österreichische Kaiserreich um die Jahrhundertwende. Der ehrgeizige Alfred Redl (Klaus Maria Brandauer), Sohn eines Eisenbahners, tritt in die angesehene Militär-Unterrealschule ein. Dort schließt Redl Freundschaft mit dem jungen Baron Christoph Kubinyi (Jan Niklas). Der mittellose Schüler lernt auch Christophs attraktive Schwester Katalin (Gudrun Landgrebe) kennen. Diese Begegnung bestärkt Redl in seinem Machtstreben – ein Ziel, das sich für ihn nur über die Offizierslaufbahn erreichen läßt.
Mehrere Jahre sind vergangen. Kurz vor Ausbruch des Ersten Weltkriegs dient Redl als Hauptmann. Sein Vorgesetzter, Oberst von Roden (Hans-Christian Blech), erkennt die Fähigkeiten des Soldaten, wird zum väterlichen Freund und setzt seine Beförderung durch. Als Major kommt Redl, mit Christoph an seiner Seite,

Armin Mueller-Stahl eiskalt als Thronfolger Franz Ferdinand in ›Oberst Redl‹

in eine galizische Garnison. Katalin, die inzwischen mit Redl eine Affäre hat, ahnt, daß der frischgebackene Major mehr als nur freundschaftliches Interesse an ihrem Bruder hat. Dessenungeachtet bringt Redl die disziplinlos gewordene Garnison wieder auf Trab. Darauf verbreiten die verärgerten Kameraden das Gerücht, Redl sei homosexuell und obendrein noch Jude.
Gerade noch rechtzeitig wird der kaisertreue Redl in den Generalstab nach Wien berufen. Hier soll er als Oberstleutnant den militärischen Abwehrdienst aufbauen. Redls Übereifer kommt den Plänen von Franz Ferdinand (Armin Mueller-Stahl) in die Quere. Der Thronfolger mobilisiert gerade alle Kräfte, um den Kaiser zu stürzen. Zu spät merkt der machtgierige Emporkömmling, daß Franz Ferdinand ihn loswerden will. Redl verstrickt sich in einem von ihm selbst gesponnenen Netz aus Intrigen und kommt jäh zu Fall. Seine latente Homosexualität wird ihm letztlich zum Verhängnis.

Zum Film: »Oberst Redl« (1984) entstand mit dem gleichen Team, das bereits 1981 »Mephisto« herstellte und auch 1988 »Hanussen« realisieren sollte: Regisseur Istvan Szabo, Kameramann Lajos Koltai und Drehbuchautor Peter Dobai. Gleichzeitig trafen in diesem Film auch die beiden international renommiertesten deutschsprachigen Schauspieler aufeinander: Klaus Maria Brandauer und Armin Mueller-Stahl.

Zitate:
»Ein wirklich modernes Verständnis, das mehr als nur kritisch nostalgisch die k.u.k. Welt sehen müßte, vermochte Szabo nicht zu entwickeln, das ist vielleicht der Grund dafür, warum seinen Bildern, so eindrucksvoll sie im Licht und in den Farben und in schauspielerischen Details oft sind, eine unmittelbar zwingende Kraft fehlt. Der Film verharrt gern in kalt-schöner Komposition, allein Klaus Maria Brandauers intensive Darstellung des Redl schafft einen dramatischen Zusammenhalt.« (Siegfried Schober, Die Zeit, 29.3.1985)

»›Oberst Redl‹ ist unabhängig vom historischen Stoff ein zeitgenössischer Film von politischer Brisanz. Schauspielerische Verve der Hauptdarsteller, (...) die Virtuosität der Kamera und ein überzeugendes Drehbuch machen diesen Film höchst sehenswert.« (Karsten Witte, Kölner Stadt-Anzeiger, März 1985)

»So eindrucksvoll die Darsteller diese Zeit aufleben lassen, so großartig und perfekt ist auch die Ausstattung, die in einigen Szenen fast an klassische Kostümfilme erinnert.« (Cinema,Nr. 4/1985)

Vergeßt Mozart

Inhalt: An Mozarts Sterbebett haben sich sieben Menschen versammelt, die in den letzten Jahren eine Beziehung zu ihm hatten. Unter ihnen sind seine Frau Konstanze (Caterina Raake), der Rivale Salieri (Winfried Glatzeder), der Freund Schikaneder (Uwe Ochsenknecht) und Baron von Swieten (Wolfgang Preiss). Mozart (Max Tidof) ist an Nierenversagen gestorben. Doch wer war schuld an seinem Tod? Die Versammelten trauern um den Verstorbenen, doch die Zusammenkunft wird von Angst, Mißtrauen und gegenseitigen Verdächtigungen überschattet.
Der Chef der Geheimpolizei, Graf Pergen (Armin Mueller-Stahl), rollt in einem dramatischen Verhör das kurze, bewegte Leben Mozarts noch einmal auf. Dabei werden auch die Beziehungen der Anwesenden zu dem Toten beleuchtet. Jeder ist verdächtig. Salieri hätte sich eines unliebsamen Rivalen entledigen können, die Freimaurerloge, angeführt von van Swieten und Schikaneder, hätte den Abtrünnigen vergiften können, oder gab der Arzt ihm möglicherweise eine Überdosis eines Medikaments gegen dessen Geschlechtskrankheit?
In Rückblicken wird der Versuch einer Charakterisierung des Komponisten unternommen: Mozart, das musikalische Genie, Mozart,der maßlose Lebemann, Mozart, der leidenschaftliche Exzentriker.
Gleichermaßen faszinierend wie auch unbequem stößt er seine Freunde ein ums andere Mal vor den Kopf und wird auf der anderen Seite aufgrund seiner naiven Arglosigkeit zum Spielball von Intriganten.

Zum Film: Fast zeitgleich mit Milos Formans Oscar-überhäuftem Mega-Hit »Amadeus« setzte Slavo Luther, der Bruder des berühmten Kameramannes Igor Luther (»Eine Liebe in Deutschland«), in Prag »Vergeßt Mozart«, sein Leinwanddebüt, in Szene. Der als »Whodunit« getarnte Historienfilm kam aber erst ein knappes Jahr nach Formans Version in die deutschen Kinos, wo er wohl auch deshalb sehr wenig Beachtung fand.

Ein »weißperückter« Armin Mueller-Stahl in dem Kostümfilm ›Vergeßt Mozart‹ von Slavo Luther

Zitate:
»Ich habe ›Amadeus‹ erst gesehen, als unsere Dreharbeiten schon so gut wie abgeschlossen waren. Selbstverständlich kannte ich zuvor Shaffers Bühnenstück, aber unser Film wurde so konzipiert, daß es nur wenig Berührungspunkte mit ›Amadeus‹ geben konnte.« (Slavo Luther in einem Gespräch mit Robert Fischer, Presseheft zu »Vergeßt Mozart«)

»Der tschechische Produzent von ›Vergeßt Mozart‹ war so pfiffig und hat die noch warmen Kostüme von ›Amadeus‹ genommen und diese Geschichte noch einmal erzählt. Ich halte Slavo Luther für einen hochbegabten Regisseur. Dieser Film ist zu Unrecht als drittklassig abgetan worden. Ich habe ihn zufällig im Fernsehen gesehen und fand ihn nicht schlecht. Aber auch hier ist dieses merkwürdige Geheimnis da, daß die Deutschen das Deutsche nicht mögen. Deutschland ist eine unkünstlerische und unfreundliche Nation.« (Armin Mueller-Stahl)

»In Luthers Fall Mozart trifft sich gleich ein ganzer potentieller Mörderhaufen historischer Figuren am Sterbebett-Tatort, um von des Kaisers Kommissar Pergen (Armin Mueller-Stahl als Rokoko-Derrick) verdächtigt zu werden. (...) Ein genüßlich provokanter Erstlingsfilm. Er endet, was Mozart betrifft, im sattsam bekannten Armengrab: dort ruht (oder rotiert?) der sterbliche Rest – als Lieblingsleiche des modischen Mutmaßungskinos.« (Ponkie, Abendzeitung München, 4.10.1985)

Der Angriff der Gegenwart auf die übrige Zeit

Inhalt: Essay-Film, der aus dokumentarischem und inszeniertem Material zusammengestellt ist, und gleichzeitig Collage, in der über den Zustand der Gesellschaft des ausklingenden 20. Jahrhunderts philosophiert wird. Einzelschicksale werden vorgeführt: Warschau 1939. Ein Pförtnerehepaar versucht, in den leerstehenden Studios die Schätze polnischer Filmgeschichte vor den anstür-

Der blinde Regisseur dreht weiter: Armin Mueller-Stahl plant den ›Angriff der Gegenwart auf die übrige Zeit‹

menden Deutschen zu retten. Dazu sind Opfer nötig. So muß sich deren Tochter einem Offizier der Besatzer hingeben. Schnitt in die Gegenwart. Eine Ärztin (Rosel Zech) kehrt nach einer längeren Pause an ihren Arbeitsplatz zurück und findet ihn bereits besetzt. Sie ist inzwischen überflüssig geworden. Die Eiligen (Michael Rehberg, Peter Roggisch), die Manager-Typen der obersten Chefetage, finden keine Zeit mehr, ihre Macht auszuüben. Sie treffen klare Entscheidungen in einer Welt, in der es immer schwieriger wird, sich zu entscheiden. Eine Leihmutter (Jutta Hoffmann) muß ihr Kind wieder hergeben. Aber sie tut es nur unter der Bedingung, daß die wahren Eltern auch die Aufzeichnungen, die sie über die Verhaltensweisen des Kindes verfaßt hat, an sich nehmen. Denn ein Kind kann man nicht wie eine Sache behandeln. Ein berühmter Regisseur (Armin Mueller-Stahl) erblindet bei den Dreharbeiten zu seinem 36. Film. Trotzdem wird die Arbeit fortgesetzt. Der blinde Regisseur macht zwar verunsichert, aber unverdrossen weiter, denn die Bilder trägt er in seinem Kopf.

Zum Film: 1962 ist Alexander Kluge einer der Initiatoren des »Oberhausener Manifests«, in dem 26 Regisseure den deutschen Film der 50er Jahre für tot erklären und versprechen, ihn auf ihre eigene Weise wiederzubeleben. In den darauffolgenden Jahren entstehen die ersten Werke des »Jungen Deutschen Films«, unter denen Kluges »Abschied von gestern (1965/66) einer der Meilensteine ist. Bis zum heutigen Tage behauptet sich Alexander Kluge als anerkannter Außenseiter. Neben seinen Filmen, in denen er gerne Dokumentarmaterial und Fiktion mischt, ist er als Schriftsteller, Publizist, Rechtsanwalt, Humanist und Filmpolitiker tätig. In »Der Angriff der Gegenwart auf die übrige Zeit«, seinem 28. Film, nimmt Kluge Abschied vom klassischen Kino. Er zeigt letzte Verteidiger des Kinogedankens.

Zitate:
»Mir gefällt, daß er als gelernter Rhetoriker, als einer, der in jeder Form sprechen kann, auf Phonetik Wert legt, einen wesentlichen Teil seiner Tage mit richtigem Sprechen verbringt, in Wahrheit ein stummer Mensch ist. Er spricht durch seine Augen, in der Richtung seiner Ohren, nicht durch seinen Mund. Nun sind ihm, als blindem Regisseur in seiner Rolle in ›Der Angriff der Gegenwart auf die übrige Zeit‹ auch noch die Augen verschlossen.

Um so ausdrucksstärker der Mensch, der innerlich den Kopf voller Bilder hat...« (Alexander Kluge über Armin Mueller-Stahl, Presseheft zu »Der Angriff der Gegenwart auf die übrige Zeit«)

»Ich drehte gerade in Frankfurt einen Fernsehfilm, als mich Kluge ansprach, ob ich nicht einen Tag für ihn Zeit hätte. Ich konnte mir tatsächlich frei nehmen. Es war kein Drehbuch vorhanden. Also improvisierte ich diese ganze Geschichte, die er dann nach seinen Vorstellungen zusammenschnitt. Das brachte mir 2500 Mark für eine relativ große Rolle ein. Ich erinnere mich nur noch, daß wir anschließend schön chinesisch essen waren und ich mir eine saftige Erkältung geholt habe.« (Armin Mueller-Stahl)

»Doch Kluges Bilder sind inzwischen von fast aufregender Wortwörtlichkeit. Dafür ist sein Rhythmus (...) sanfter geworden, man könnte auch sagen: weise. Kluge setzt ihn gegen die Hektik der Neuen Medien, gegen die Lieblosigkeit, mit der man heute mit Bildern umgeht. So hat er selbst im Formalen den Zeitbegriff wieder eingeholt, ihn auf seine Zeitgemäßheit überprüft, wie der blinde Regisseur seine mittelalterliche Liebesgeschichte.« (Peter Buchka, Süddeutsche Zeitung, 31.10.1985)

Momo

Inhalt: Eines Tages taucht in einer gemütlichen Kleinstadt irgendwo im Süden Europas ein kleines Waisenkind auf. Es heißt Momo (Radost Bokel) und wohnt in einer Höhle beim Amphitheater. Das Mädchen hat eine seltene Gabe: Es kann zuhören. Deshalb findet es schnell viele Freunde, unter anderem den Straßenkehrer Beppo (Leopoldo Trieste), den Friseur Fusi (Francesco de Rosa) und den Maurer Nicola (Mario Adorf).
Aber plötzlich verändern sich Momos Freunde. Sie laufen mit grimmigem Gesicht umher und verbreiten Hektik und Unruhe, wo einst Gelassenheit und Zufriedenheit herrschten. Schuld daran ist der Chef der Grauen Herren (Armin Mueller-Stahl), der mit den unzähligen Handlangern seiner heimtückischen Organisation den Menschen die Zeit wegnehmen will.
Nur Momo kann den Grauen Herren die Stirn bieten. Ihre Freundin, die schlaue Schildkröte Kassiopeia, führt sie zu dem weisen Meister Hora (John Huston), dem einzigen, der bei der gefahrvollen Aufgabe behilflich sein kann. Der Verwalter der Zeit hält für

Nichtraucher Armin Mueller-Stahl mit dicker Zigarre in ›Momo‹

eine Stunde die Uhren an. In dieser Spanne muß Momo versuchen, die gefangene Zeit aus der Zentrale der Grauen Herren zu befreien.

Zum Film: Johannes Schaafs Verfilmung von Michael Endes Bestseller dürfte wohl Armin Mueller-Stahls größter Publikumserfolg gewesen sein. Im Jahre 1986 war »Momo« der neuntbestbesuchte Film der Bundesrepublik (701687 Zuschauer) und wurde nur von einer deutschen Produktion – die gleichzeitig auch die erfolgreichste des Jahres war – übertroffen, nämlich von Doris Dörries »Männer« (2067211 Zuschauer). Pikanterweise hat Armin Mueller-Stahl das vom Co-Drehbuchautor Ende selbst hochgelobte Märchen nie gesehen.

Zitate:
»Wer streng sein wollte (aber wer will das schon), müßte wohl feststellen, daß sich Michael Ende auf subtile Weise doch abermals

von den Grauen Herren hat linken lassen: Die dicke Zigarre, die sie ihm verpaßt haben, war nur diesmal so schön gedreht, daß sogar er ihren Duft eingesogen hat wie den einer frischen Blume. Für ihn, der sich gern von der eigenen Bedeutung ergriffen zeigt, ist ›Momo‹ das Größte, was das deutsche Kino seit Fritz Langs ›Metropolis‹ gewagt hat. Die weise Momo aber sagt: ›Das Schlimmste im Leben sind Wunschträume, die in Erfüllung gehen.‹« (Urs Jenny, Der Spiegel, Nr. 29/1986)

»Im Vergleich zu Petersens bombastischer Ende-Adaption ›Die Unendliche Geschichte‹ ein erstaunlich bescheidener Märchenfilm, der sich weniger auf grobe Effekte, vielmehr auf glaubhafte Charaktere und atmosphärische Dichte verläßt – wenn auch Endes pseudomythologischer Tiefsinn manchmal fadenscheinig wirkt und die Inszenierung in die Nähe zum Kitsch gerät.« (Lexikon des Internationalen Films)

»Die Story darf, da Ende auf der poetischen Botschaft besteht, nicht mißverstanden werden als Thriller oder Gangsterfilm. Man muß schon nach der tieferen Bedeutung stochern. Die Botschaft aber ist simpel: Versuch's mal mit Gemütlichkeit.« (Claudius Seidl, Die Zeit, 25.7.1986)

Unser Mann im Dschungel / Amazonas Mission

Inhalt: Lutz Kehlmann (Armin Mueller-Stahl) soll im Auftrag seiner deutschen Firma den Bau eines Wasserkraftwerkes im südamerikanischen Dschungel leiten. Er löst damit seinen Vorgänger ab, der auf mysteriöse Weise – angeblich an plötzlichem Herzversagen – gestorben ist.
Für die örtliche Fernsehstation erläutert Kehlmann in einem Interview sein Projekt. Als die Journalistin auf den dort ansässigen Indianerstamm zu sprechen kommt, hat der optimistische Projektmanager gleich eine Antwort parat. Er will die Indianer sozial integrieren und sie dann beim Bau der Staumauer als Arbeitskräfte einsetzen. Ganz Missionar, weist er auf die wirtschaftliche Bedeutung des Kraftwerks für das gesamte Land hin.
Auch Kehlmanns Frau Sabine (Katja Rupé) ist ihrem Mann, wenn auch widerwillig – in den Dschungel gefolgt. Sie tat es aus Rücksicht auf dessen Karriere. Sabine fühlt sich schon beim ersten Bummel durch die Stadt von einem alten Indio verfolgt. Zu Hause er-

tappt sie ihre Haushälterin beim Stehlen einer Krawatte. Diese hatte sie um eine Stoffpuppe, die eine gewisse Ähnlichkeit mit Kehlmann hat, gewickelt. Sabine führt diese eigenartigen Vorfälle zunächst auf ihre Nervosität, den Klimawechsel und ihre eigene Unzufriedenheit zurück. Lutz Kehlmann selbst scheint von alle-

Knapp dem Tode entronnen: Armin Mueller-Stahl ist ›Unser Mann im Dschungel‹

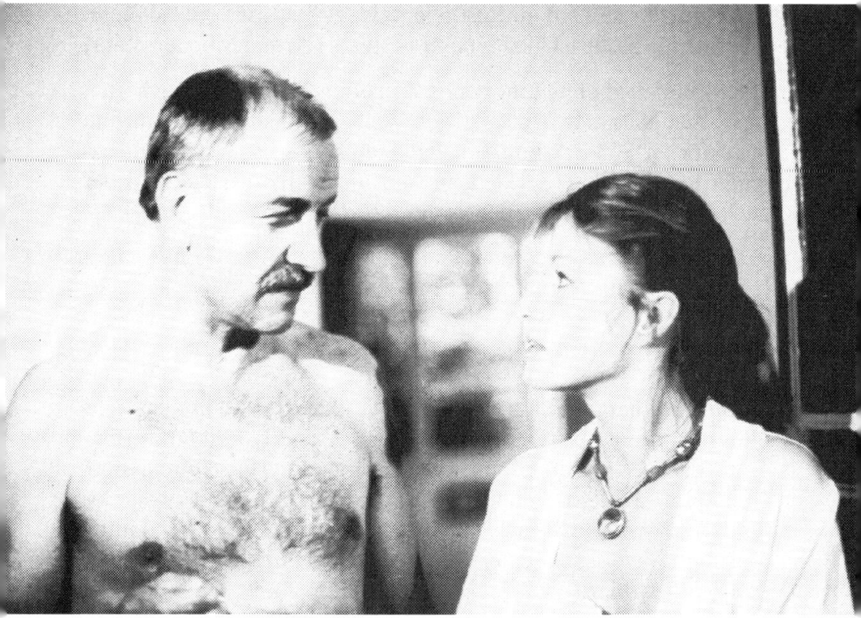

In der Hitze des Urwalds zieht selbst ein Gentleman das Hemd aus. Armin Mueller-Stahl und Katja Rupé in ›Unser Mann im Dschungel‹

dem nichts zu spüren. Arglos begibt er sich mit einem hohen Offizier des Landes auf einen Besichtigungsflug...

Zum Film: »Der Kampf ums nackte Überleben«, »Das Schicksal schlägt erbarmungslos zu«, »Magie in der grünen Hölle« – solche Werbeschlagzeilen verheißen nichts Gutes, deuten meist auf eine Mogelpackung hin. Taugt der Film nichts, muß er marktschreierisch verkauft werden. Auch bei Peter Stripp und Rudolf Steiners Abenteuerfilm »Unser Mann im Dschungel« war das nicht anders. Dem lahmen Action-Streifen war nur eine kurze Laufzeit in diversen Bahnhofskinos beschieden, bevor er unter dem Titel »Amazonas Mission« in den Videotheken verramscht wurde.

Zitate:
»Peter Stripp ist ein ganz außergewöhnlicher Autor. Für dieses Buch hat er lange recherchiert und sich mit den Mythen des Dschungels auseinandergesetzt. Leider ist der Film seiner Vorlage

nicht gerecht geworden. Besonders der Schluß ist inkonsequent. Aber meine Rolle ist eine meiner besten.« (Armin Mueller-Stahl)

»Der Film klagt ohne erhobenen Zeigefinger die Machenschaften westlicher Nationen in der Dritten Welt an und lebt vor allem vom nuancierten Spiel Armin Mueller-Stahls, das sogar dramaturgischen Leerlauf überdeckt. Ein Film mit viel Engagement, aber auch einigen Macken.« (tip, Berlin, 12/87)

»Dürftiges Urwaldabenteuer, in dem kritische Ansätze nur Alibifunktion haben.« (Lexikon des Internationalen Films)

Der Joker

Inhalt: In einem Hamburger Hotel werden drei Menschen kaltblütig ermordet. Am Tatort finden Jan Bogdan (Peter Maffay) und Toni Blach (Massimo Ghini), zwei Beamte der Mordkommission, eine Spielkarte, ein As. Dieses Markenzeichen stammt zweifellos von Dr. Proper (Michael York), einem ihnen längst bekannten Auftragskiller, der für einen mächtigen Drogenboß und Erpresser von Schutzgeldern die Dreckarbeit macht.
Nur wenig später geraten Bogdan und Blach selbst in höchste Lebensgefahr. Als sie sich gerade im Restaurant eines gemeinsamen Freundes aufhalten, geht eine Bombe hoch. Bogdan wird schwer verletzt und bleibt nach dem Anschlag an den Rollstuhl gefesselt. Vom Dienst suspendiert und von allen Freunden verlassen, schwört Bogdan Rache und arbeitet unbeirrbar an dem Fall weiter. Bei seinen Nachforschungen stößt er auf eine Unzahl von Verdächtigen: Neben dem Killer Dr. Proper und dessen Boß Serge Gart (Elliott Gould), genannt das »As«, scheinen auch Bogdans Exgeliebte Daniela (Tahnee Welch) und sogar sein Vorgesetzter, der zwielichtige Kommissar Axel Baumgartner (Armin Mueller-Stahl), Dreck am Stecken zu haben. Der gelähmte Polizist versucht nun auf eigene Faust, dieses weitverzweigte Netz aus Kriminalität und Korruption aufzudecken.

Zum Film: Der 1945 in Wien geborene Regisseur Peter Patzak (»Kottan ermittelt«), Österreichs wichtigster und bester Mann im Filmgeschäft der 80er Jahre, versucht sich mit »Der Joker« an einer Hommage an den amerikanischen »film noir«. Trotz des hohen Produktionsetats und der großen Namen (Elliott Gould, Michael

York, Peter Maffay u.a.) ist nur ein undurchsichtiges, zerfahrenes »B-Picture« (im wahren Sinn des Wortes!) entstanden.

Zitate:
»Ja, ›Der Joker‹ ist Scheiße, aber da hat man mich gut bezahlt. Das Arbeiten mit Patzak machte mir dennoch großen Spaß. Irgendwie schafft es Patzak immer, enormen Schmutz in seine Filme hineinzupacken, daß ich das Gefühl habe, anschließend Duschen gehen zu müssen. Er bekennt sich nicht zur Geschichte. Er ist wie ein Maler, der am Ende gern zerstört, was er gemacht hat. Er mißtraut offensichtlich einer zu einfachen Fabel. Außerdem ist er schlampig in der Besetzung. Er holt sich ein Konglomerat von Namen; das finde ich unaufrichtig.« (Armin Mueller-Stahl)

»Patzak ist ein schlechter Bluffer und spielt mit gezinkten Karten.« (Claudius Seidl, Süddeutsche Zeitung, 23.10.1987)

Dreharbeiten zu ›Der Joker‹: Armin Mueller-Stahl, Peter Maffay, Tahnee Welch und Peter Patzak

»Von der Verzweiflung flieht der Actionfilm ins Ritual. Und von der Banalität flieht er in die Bewegung. In seinen besten Momenten ist ›Der Joker‹ nur noch eine Handbreit vom großen, physischen B-Film entfernt. Vielleicht, weil er sich ganz rattenhaft mit provinziellem Hunger auf die großen Happen stürzt und der Film keinen anderen Ehrgeiz entwickelt, als in Bewegung und am Leben zu bleiben. Glück gehabt.« (Georg Seeßlen, epd Film, 12/1987, S. 37)

Killing Blue

Inhalt: Kommissar Glass (Armin Mueller-Stahl) klebt das Pech an den Fersen. Seine Frau hat sich von ihm getrennt, die Tochter läßt sich nicht mehr bei ihm blicken, und dann wird auch noch ein Kollege beim Einsatz erschossen. Zu allem Überfluß bekommt er auch noch eine neue Assistentin (Julia Kent) in sein Berliner Büro gesetzt.
Ohne großes Engagement übernimmt Glass einen neuen Fall. Die Leiche eines jungen Mädchens wurde aufgefunden. Vermutete Todesursache: eine Überdosis Heroin. Hauptverdächtiger ist ein gewisser Miskowski (Frank Stallone), einschlägig bekannt als Dealer und Zuhälter. Bei der Wohnungsdurchsuchung findet der Kommissar eine Liste mit dessen Kunden. Dort entdeckt er die Namen von Lisa Ostermann (Morgan Fairchild), einer aufregenden Blondine, mit der Glass erst vor kurzem ein amouröses Abenteuer hatte, und von Monika Carstens (Allegra Curtis), der Tochter seines besten Freundes, des Staatsanwaltes Michael Carstens (Michael York).
Wenig später wird auch Monika ermordet. Glass erfährt, daß Miskowski nicht der Killer sein kann, wohl aber jemanden erpreßt – und dieser Unbekannte könnte der Mörder der beiden Mädchen sein. Nun versucht der Polizist, Lisa, die wahrscheinlich das nächste Opfer sein wird, als Köder zu benützen. Die Falle schnappt tatsächlich zu. Lisa steht dem gesuchten Mörder gegenüber. Als Glass das Gesicht des Unbekannten erkennt, glaubt er seinen Augen nicht zu trauen.

Zum Film: Armin Mueller-Stahls zweite Zusammenarbeit mit Peter Patzak. Wieder spielt er einen Polizisten, diesmal jedoch in einer Hauptrolle. Im Grundtenor ist »Killing Blue« nichts anderes

Publicity-Foto zu ›Killing Blue‹ (Armin Mueller-Stahl mit Morgan Fairchild und Michael York)

als eine Variation von »Der Joker«. Man kann sagen, daß Peter Patzak mit diesen beiden Ausflügen ins Krimi-Genre ein zeitgemäßes Pendant zur Edgar-Wallace-Fließbandware der 60er Jahre geschaffen hat.
Und, wie heißt und hieß es doch so schön: »Es ist unmöglich von Edgar Wallace nicht gefesselt zu sein.«

»Make my day!«. Armin Mueller-Stahl als Kommissar in Peter Patzaks ›Killing Blue‹

Zitate:
»Beim Drehen hatte ich das Gefühl, mit Kommissar Glass eine interessante Figur zu schaffen. Doch ich muß fairerweise sagen, daß es mir nicht gelungen ist, dies auf der Leinwand sichtbar zu machen.« (Armin Mueller-Stahl)

»(...) Armin Mueller-Stahl deliriert einen Kommissar im Schimanski-Fieber. Ausgerechnet Herr Stahl, der Schauspiel-Künstler mit dem Angestellten-Charme und 2 cl ›Racke-Rauchzart‹ in der Stimme, taucht mit Patzak unter die Gürtellinie. Ein wirklich mieser Film.« (Helmut Schödel, Die Zeit, 11.11.1988)

»Auf der Strecke bleiben Patzaks schöne Szenen und Mueller-Stahls angestrengter Einsatz: Präsenz ohne Konturen, Bilder um ihrer selbst willen.« (Kai Niemeyer, Abendzeitung München, 3.11.1988)

Schweinegeld

Inhalt: Der Traum vom großen Geld läßt ein ungleiches Trio gemeinsame Sache machen. Penner Maxwell (Armin Mueller-Stahl) möchte sich mal so richtig den Bauch vollschlagen, Filmproduzent Harry (Rolf Zacher) will sich seinen Gläubigern entziehen und

sein neues Projekt finanzieren, und Wally (Claudia Messner), die Schauspielerin ohne Rollenangebote, interessiert sich mehr für den Monolog der »Jungfrau von Orleans« als für die fällige Miete. Gemeinsam gründen die drei den Spendenverein »Die kleine Glücksidee« und erleichtern so mit Charme und Witz die Bewohnerinnen eines Nobclaltcnhcimes um den erklecklichen Inhalt ihrer Sparstrümpfe. Wie man aber im Spendenbereich Umsätze in Millionenhöhe machen kann, zeigt der Großkonzern Tattenbach. Da wird Geld porentief rein gewaschen und kann dann heimlich, still und leise in illegale Waffenexporte investiert werden.
Auf einem Wohltätigkeitsfest wittert das Trio von »Die kleine Glücksidee« Morgenluft. Diesem Großkonzern dürfte mit ein paar tollkühnen Aktionen eine dicke Scheibe vom großen Kuchen abzuschneiden sein. Da erscheint der Steuerfahnder Liebkind (Ste-

›Schweinegeld‹ mit Armin Mueller-Stahl als Gentleman-Clochard machte an der Kinokasse nur wenige Pfennige

fan Suske) auf dem Tapet. Ihm sind die illegalen Geschäfte Tattenbachs schon seit langem ein Dorn im Auge. Mit Maxwell, Harry und Wally stürmt er nun als Steuerfahndungsgruppe das Konzerngebäude, um die ominöse »Schwarze Kasse« zu beschlagnahmen. Der grundehrliche Finanzbeamte will das Geld natürlich den wahren Besitzern zuführen. Doch niemand will es haben. Das paßt dem Trio von der »kleinen Glücksidee« natürlich ganz gut ins Konzept.

Zum Film: Der bis zum heutigen Tag wohl schlechteste Film, in dem Armin Mueller-Stahl aufgetreten ist. »Denk' ich an Deutschland in der Nacht, bin ich um den Schlaf gebracht...«, schrieb einst der um sein Vaterland besorgte Heinrich Heine und brachte blutenden Herzens Bissiges, Witziges und Satirisches zu Papier. Der wortgewandte Rechtsanwalt und engagierte Filmemacher Norbert Kückelmann hat mit der Nachtruhe anscheinend noch keine Probleme und glaubt felsenfest an den deutschen Rechtsstaat, denn sonst hätte er »Schweinegeld« als bitterböse Komödie inszeniert und nicht als laue Klamotte. Der Stoff um Spendenaffäre, Spielbankgeschäfte und Waffenexporte ist gut, die Umsetzung leider allzu dürftig. Noch warten wir auf den endgültigen Film zum Thema »Bananenrepublik Deutschland«.

Zitate:
»Die Bundesrepublik ist zu einer Skandalnudel der westlichen Demokratien geworden.« (Norbert Kückelmann im Gespräch mit Angie Dullinger, Abendzeitung München, 14.2.1989)

»Kückelmann hat sich verzettelt, hat da noch einen Witz eingestreut und dort noch einen Gag angebracht, bis der Wille zur Komik nicht mehr ›durchleuchtet‹, sondern die Geschichte entschärft, da er sie leichter konsumierbar zu machen versucht. Und bis ich mich fühlte wie eine abgewandelte Karikatur von Chess Adams: Gelacht haben immer nur die anderen.« (H.G. Pflaum, Süddeutsche Zeitung, 3.7.1989)

»Eine weitgehend unverbindliche Posse und Langeweile – mehr bietet der Film dem Zuschauer nicht. (...) Ärgerlich, daß ein Regisseur, der sich eines brisanten Stoffes der bundesdeutschen Wirklichkeit (...) annimmt, nur einen mit vielen Mätzchen überfrachteten, belanglosen Film inszeniert.« (Hans Messias, filmdienst, 6.3.1989)

Das Spinnennetz

Inhalt: Deutschland 1918. In Kiel meutern die Marinesoldaten und verhindern so das Auslaufen der deutschen Flotte nach England. Nur der junge Leutnant Theodor Lohse (Ulrich Mühe) wehrt sich gegen den Aufstand. Vergeblich. Schwer verwundet kehrt er nach Hause zurück. Das Kaiserreich ist zu Ende, und mit Lohses Karriere scheint es ebenfalls vorbei zu sein.
Vier Jahre später muß sich der Antisemit Lohse als Hauslehrer bei einem Juden sein Jurastudium finanzieren. Aber er weiß, daß bei Efrussi (Rolf Henninger) einflußreiche Leute verkehren. Baron von Rastschuk (Armin Mueller-Stahl) gilt als Kopf der reaktionären Kräfte, die sozialistische und kommunistische Tendenzen in Deutschland mit aller Macht verhindern wollen.
Durch einige skrupellose Heldentaten gelingt es Lohse, das Vertrauen von Rastschuk zu gewinnen. Dieser verschafft ihm einen Posten als Überwacher des Ernteeinsatzes in Pommern. Dort avanciert Lohse zum Helden, als er einen Aufstand polnischer Landarbeiter niederschlagen kann. Die Heirat mit der adeligen Else von Schlieffen (Corinna Kirchhoff) bringt ihm weitere Vorteile auf der Karriereleiter.
Nach nur wenigen Jahren hat der machthungrige Lohse sein Ziel erreicht. Er intrigierte, mordete, und selbst der höchst gefährliche Doppelspion Lenz (Klaus Maria Brandauer), der als einziger über diese Greueltaten aussagen könnte, fällt letztlich der Gerissenheit des Emporkömmlings zum Opfer. Als Lohse von Baron von Rastschuk die Nachricht erhält, daß Hitler und Ludendorff in München geputscht haben, gehört er zu den ersten, die das Hakenkreuz offen am Revers tragen.

Zum Film: Bernhard Wickis Filme gehörten nie zur bundesdeutschen Massenware. Schauspielerische Höchstleistungen, ambitionierte Inszenierungen und gewichtige Themen haben dem Regisseur vor allem im Ausland Anerkennung und zu Hause zahlreiche Preise eingebracht. Trotzdem bleibt er ein Außenseiter. Vielleicht sind seine Filme einerseits zu schwergewichtig, andererseits nicht modisch-experimentell genug. Dennoch waren (und sind) sie immer großes Kino. Da bildet auch »Das Spinnennetz« aus dem Jahre 1989, in dem Armin Mueller-Stahl wieder auf Klaus Maria Brandauer trifft, keine Ausnahme.

Szenenfoto aus ›Das Spinnennetz‹

Zitate:

»Wickis Filme haben keine leicht verdauliche Ästhetik – sie waren immer wie Menetekel. Man muß sich ihnen aussetzen, an ihnen leiden. Denn ihre Wahrheit ist bitter.« (Ponkie, Abendzeitung München, 21.9.1989)

»Bei ihm erreichen Darsteller eine ungewöhnliche Leinwandpräsenz, die alle Schauspielerei vergessen läßt. Von den Hauptakteuren, dem Ost-Berliner Ulrich Mühe (Lohse) und dem berüchtigten Klaus Maria Brandauer (Lenz), der so gern viel zu viel macht, bis zu den Nebendarstellern, etwa Alfred Hrdlicka, wird diese Fähigkeit ausgespielt; bei den Stars wie Armin Mueller-Stahl, Agnes Fink oder Peter Roggisch ist sie selbstverständlich.« (Peter Buchka, Süddeutsche Zeitung, 21.9.1989)

»Ein aufrüttelnd intensiver, teils mit drastischen Mitteln inszenierter Film von brisanter Thematik, der seine inszenatorischen Schwächen mit hervorragenden Schauspielerleistungen und ausgefüllter psychologisch fundierter Beobachtungsweise ausgleichen kann.« (Lexikon des Internationalen Films)

Music Box – Die ganze Wahrheit

Inhalt: Die Zeichen stehen auf Sturm für Ann Talbot (Jessica Lange), als sie erfahren muß, daß Staatsanwalt Jack Burke (Frederic Forrest) ihrem Vater Mike Laszlo (Armin Mueller-Stahl) die US-amerikanische Staatsbürgerschaft entziehen will. Laszlo war bei Kriegsende aus Ungarn in die Staaten gekommen und soll nun wegen grausamer Kriegsverbrechen angeklagt werden. Ann, selbst eine angesehene Anwältin in Chicago, will ihren Papa um jeden Preis verteidigen, denn sie ist felsenfest von dessen Unschuld überzeugt. Jahrzehntelang rackerte er sich in einem Stahlwerk ab, zog nach dem frühen Tod seiner Frau die beiden Kinder groß und ist jetzt für Anns Sohn Mikey (Lukas Haas) ein wunderbarer Großvater.

Angeklagt: Armin Mueller-Stahl als Juden-Mörder in ›Music Box‹

Tatsächlich aber identifizieren im Laufe der Gerichtsverhandlung alle Zeugen Mike Laszlo als eben jenen »Mischka«, der im Ungarn des Zweiten Weltkrieges Zigeuner und Juden gefoltert und ermordet haben soll. Ann gelingt es, die Glaubwürdigkeit der Zeugen zu unterwandern. Auch einen belastenden Ausweis kann sie als mögliche Fälschung hinstellen.

Als das Gericht nach Budapest reist, um einen kranken Zeugen, der für ihren Vater aussagt, zu vernehmen, scheint Ann den Freispruch in der Tasche zu haben. Dann aber wird ihr ein Pfandschein zugespielt, den sie sogleich einlöst. So gerät die Anwältin in den Besitz einer alten Music Box, die mehr enthält als nur eine schöne Melodie. Sie birgt auch den Schlüssel zur wahren Identität Victor Laszlos. Jetzt kennt Ann Talbot die ganze Wahrheit.

Noch weiß Jessica Lange in ›Music Box‹ nicht, daß ihr Vater ein Kriegsverbrecher ist

Zum Film: Costa-Gavras ist ein Spezialist für politisch heikle Themen. In »Z« setzte er sich mit der griechischen Militär-Junta auseinander, in »Vermißt« mit der chilenischen Diktatur, in »Verraten« mit den rechtsradikalen Kräften der USA und in »Music Box« mit der zwielichtigen Vergangenheit eines ungarischen Emigranten. Diesen verkörpert der deutsch-deutsche Emigrant Armin Mueller-Stahl, der 1989 im Alter von fast 60 Jahren seine dritte Leinwandkarriere, die amerikanische, beginnt. Näheres hierzu kann man im bei Luchterhand erschienenen Essay-Band, Armin Mueller-Stahls »Drehtage«, nachlesen.

Zitate:
»Armin Mueller-Stahl spielt Mike Laszlo in seiner Widersprüchlichkeit dermaßen überzeugend, daß man zeitweise selbst im Zweifel ist, ob er nun schuldig oder unschuldig ist. Mueller-Stahls Darstellung wirkt so verdichtet, so hineingelebt in den Charakter, daß man den Eindruck gewinnt, Mike Laszlo glaube letztlich selbst an seine Unschuld.« (rrh, film-dienst, 3.4.1990)

»In diesem Film triumphieren die Schauspieler. Als Laszlo zeigt Mueller-Stahl (...) einen unvergeßlichen, in sich gekehrten Ausdruck. Sein Laszlo spricht mit einem rauhen Flüstern, das hinweist auf eine austrocknende Seele, auf eine extreme Zurückhaltung, die entweder die eines pflichtbewußten Einwanderers und Stahlarbeiters oder die eines gewalttätigen Charakters sein könnte, der sich sorgfältig tarnt. Es gehört zu der Strategie Mueller-Stahls und der des Films, den Zuschauer ständig zwischen diesen beiden Möglichkeiten hin und her schwanken zu lassen.« (Michael Wilmington, Los Angeles Times, 25.12.1989)

»Costa-Gavras ist ein Stratege des Überdeutlichen, ein Schwarzweißmaler. Alles in seinen Filmen soll möglichst eindeutig wirken – ohne störende Zwischentöne. So bleiben seine Bilder bloße Visualisierung von Absichten und Schönheit aus zweiter Hand.« (Norbert Grob, Die Zeit, 20.4.1990)

Bronsteins Kinder

Inhalt: Noch vor wenigen Wochen lebte Hans Bronstein (Matthias Paul) das geruhsame Leben eines Abiturienten – er war ein schweigsamer Einzelgänger, der nur eine Leidenschaft hatte: die

Liebe zu der Schauspielstudentin Martha (Katharina Abt). Mit ihr traf er sich zu gelegentlichen Schäferstündchen in dem einsam gelegenen Wochenendhaus seines Vaters Arno (Armin Mueller-Stahl).
Eines Tages macht Hans eine grausige Entdeckung. Sein Vater und zwei seiner Freunde, alle drei ehemalige jüdische Häftlinge eines Konzentrationslagers, halten in dem Haus einen Mann gefangen, ihren ehemaligen Lageraufseher (Rolf Hoppe). Hans muß mitansehen, wie die drei auf den Mann einschlagen. Wenig später stellt Hans seinen Vater zur Rede. Doch dieser will von einer Freilassung des Gefangenen nichts wissen, zu tief sitzt der Schmerz dieses geschundenen Mannes. Auch Hans' ältere Schwester Elle (Angelika Winkler) ist zu sehr mit sich selbst beschäftigt – sie interessiert sich nicht für die Probleme ihres Bruders.
Bald darauf erklärt Arno seinem Sohn triumphierend, der Gefangene habe seine Schandtaten gestanden. Hans spürt, daß er der einzige ist, der den ehemaligen Lageraufseher vor dem sicheren Tod retten kann. Doch als er in dem entlegenen Häuschen eintrifft, findet er dort seinen Vater, tot. Er hat die Aufregungen der letzten Tage nicht überstanden. Hans ist nun auf sich allein gestellt, denn seine Freundin Martha geht immer mehr ihre eigenen Wege. Am Grab seines Vaters macht er sich schwere Vorwürfe. – War er mitschuldig am Tod von Arno Bronstein?

Zum Film: Noch einmal Jurek Becker, noch einmal (nationalsozialistische) Vergangenheitsbewältigung, noch einmal Generationenkonflikt. In Jerzy Kawalerowiczs »Bronsteins Kinder« spielt Armin Mueller-Stahl in seiner bisher letzten deutschen Produktion. Wie so oft – liegt es nun am Thema, an der Qualität, an der Machart oder an der Verleihpolitik – war auch dieser Film für das breite Publikum kaum zu sehen. Er lief eine Woche lang, mit zwei Kopien, in zwei Städten, Hannover und Hamburg.

Zitate:
»Becker wollte dieses jüdische Thema gern verfilmt sehen. Ich gebe zu, daß es eine Kopfgeburt war. Der Film hat mit Kawalerowicz einen glänzenden Regisseur, gute Schauspieler wie Rolf Hoppe und erhielt das Prädikat ›besonders wertvoll‹. Natürlich hat Becker hier seinem Frust freien Lauf gelassen, die Juden richtig hochleben lassen. Aber kann man ihm das zum Vorwurf machen?

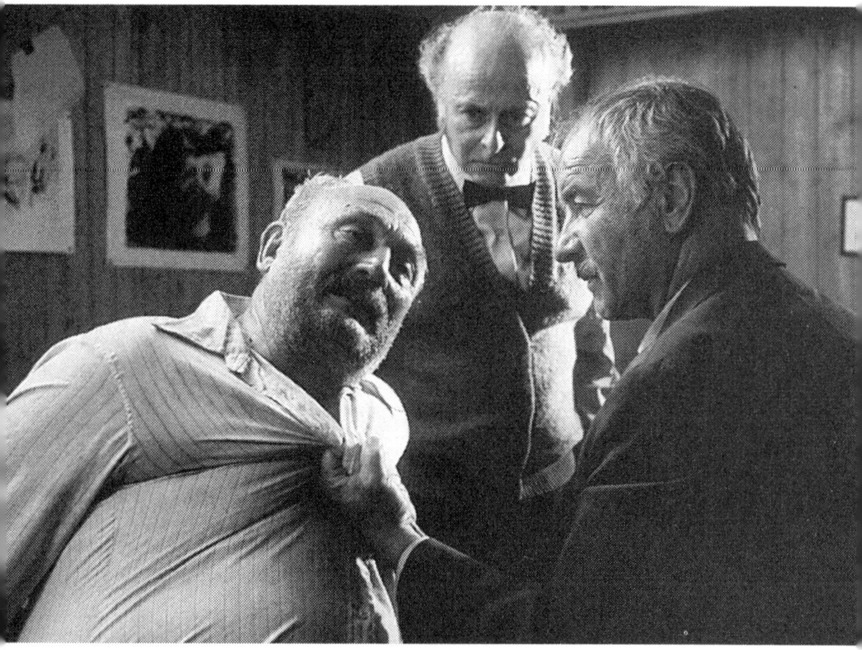

Armin Mueller-Stahl übt in ›Bronsteins Kinder‹ späte Rache

›Bronsteins Kinder‹ ist immer noch ein Film, den man mit Respekt vorzeigen kann.« (Armin Mueller-Stahl)

»›Bronsteins Kinder‹ ist als Literaturverfilmung von beispielhafter Qualität und mit einer Mischung aus Wut, Trauer und Verzweiflung in Szene gesetzt – Bronsteins Kinder leben zwar, aber es bleibt die Frage nach dem Wie.« (hr, Cinema, Nr. 1/1991)

Avalon

Inhalt: Der russische Jude Sam Krichinsky (Armin Mueller-Stahl) emigriert zu Beginn dieses Jahrhunderts mit seinen Brüdern Hymie (Leo Fuchs), Nathan (Israel Rubinek) und Gabriel (Lou Jacobi) nach Amerika. Die Familie läßt sich in einem Viertel von Baltimore, das sie liebevoll Avalon nennt, nieder. Gemeinsam mit ihren jungen Frauen versuchen die Emigranten, ihren amerikanischen Traum als Tapezierer zu verwirklichen. Regelmäßig ver-

›Avalon‹-Opa Sam (Armin Mueller-Stahl) plaudert mit seinem Enkel

sammelt man sich in großer Runde und erörtert alle Probleme, die die Familie betreffen, und jedes Jahr am Thanksgivings-Tag erzählt Sam seine spannenden Geschichten aus der Zeit, als er gerade in Amerika angekommen war.

Die Jahre vergehen, und eine neue Generation mit neuen Ideen wächst heran. Sams Sohn Jules (Aidan Quinn), der sich nun Kays nennt, und Sams Neffe Izzy (Kevin Pollak), der sich Kirk rufen läßt, eröffnen ein gemeinsames Geschäft. Dort verkaufen sie Fernseher, und obwohl das Medium noch in den Kinderschuhen steckt, wächst der kleine Laden bald zu einem riesigen Unternehmen an. Obwohl Sam weiter am Erzählen seiner Geschichten festhält, werden die Traditionen immer mehr in den Hintergrund gedrängt. Jetzt ist es das Fernsehen, das den Familienalltag bestimmt. Nur einmal noch findet die Sippe zusammen. Als ein Brand das Warenhaus von Jules und Izzy zerstört, scheint ihr amerikanischer

Traum ausgeträumt. Sam beginnt wieder, von damals zu berichten – und nun ist es sein Enkel Michael (Elijah Wood), der ihm mit großen Augen zuhört.

Zum Film: Barry Levinsons »Avalon« zeigt nicht nur das Schicksal einer jüdischen Großfamilie in Amerika. Die Geschichte der Protagonisten des Films steht stellvertretend für Familienschicksale, die immer schon stattgefunden haben und auch täglich weiterhin stattfinden. Jeder kann hier ein Stück von sich selbst, von seiner Familie wiederfinden. So auch Armin Mueller-Stahl, dessen Familie 1914 von Rußland nach Deutschland kam, wo seine Vorfahren Fremde waren. Fremde, die sich anzupassen suchten und gleichzeitig doch bemüht waren, Traditionen aufrechtzuerhalten. Nicht zuletzt aus diesen persönlichen Motiven heraus wollte Armin

Familienbande: Sam (Armin Mueller-Stahl) mit Eva (Joan Plowright), Jules (Aidan Quinn) und Izzy (Kevin Pollak)

Mueller-Stahl diesen Part unbedingt spielen. Derart angestachelt, gelang es ihm sogar, den Regisseur zu überzeugen, ihn statt seines ärgsten Rivalen, Marcello Mastroianni, zu besetzen.

Zitate:
»›Avalon‹ ist ein Glücksfall. In ›Avalon‹ finden drei ideale Dinge zusammen: ein hervorragendes Drehbuch, ein großer Regisseur und eine wunderbare Rolle.« (Armin Mueller-Stahl)

»So wenig Armin Mueller-Stahl als Großvater Sam in seiner zweiten amerikanischen Rolle überzeugt, denn er repräsentiert weder das warmherzige Väterchen Rußland noch den amerikanischen Emporkömmling, sondern bleibt eine rhetorische, farblose Figur, so wenig fügt sich der ganze Film in ein stimmiges Erzählkonzept. Da hilft auch nicht der blaue Augenaufschlag, der Aidan Quinn mit seinem Filmvater versöhnt. Blauäugig, damit ist eigentlich schon alles über diesen durchaus ambitionierten Film gesagt.« (Marli Feldvoß, epd Film, Nr. 3/1991, S. 39)

»Trotz aller Lücken und Ellipsen entsteht dabei eine wunderbarstimmige innere Kontinuität – und vor allem eine wohltuende Ruhe des Erzählens. Levinson läßt den Szenen Zeit, sich zu entwickeln, mitunter sind selbst die Schnitte einen Augenblick verzögert, viele Einstellungen dauern um einen Moment länger, als es heute im Kino üblich ist. (...) Ganz am Ende fragt ein Sohn seinen Vater, warum dessen Großvater ›so komisch‹ spricht. Allein mit diesem Satz bringt Levinson noch einmal die Familiengeschichte eines halben Jahrhunderts auf den Punkt. Unfreiwillig wird damit auch eine Schwäche dieses Films – das heißt, der deutschen Fassung – angesprochen. Was Armin Müller-Stahl (sic!) als Sam Krichinsky beim Synchronisieren seiner Rolle abliefert, ist an einigen Stellen tatsächlich ziemlich komisch. Gewollt hat er das sicher nicht.« (H.G. Pflaum, Süddeutsche Zeitung, 19.9.1991)

Night on Earth

Inhalt: Eine Folge von fünf kurzen Komödien, die gleichzeitig, aber in verschiedenen Zeitzonen, Kontinenten und Sprachen stattfinden. Im Mittelpunkt steht jeweils ein(e) Taxifahrer(in) und seine/ihre kurze Beziehung zu seinem/ihrer Kunden/Kundin. Der Film beginnt in Los Angeles, führt nach New York, dann nach Pa-

Taxi-Fahrer Armin Mueller-Stahl überläßt in ›Night on Earth‹ seinem Kunden Giancarlo Esposito das Steuer

ris, darauf nach Rom, um schließlich in Helsinki zu enden. Armin Mueller-Stahl wirkt in der zweiten Episode mit.
Der Farbige Yo-Yo (Giancarlo Esposito) braucht ein Taxi, das ihn von Manhattan nach Brooklyn bringen soll. Nach etlichen Fehlversuchen hält endlich ein Wagen. Aber am Steuer sitzt Helmut Grokenberger (Armin Mueller-Stahl), der noch schlechter Auto fahren als sich in englischer Sprache verständigen kann. Nach mehreren Fehlstarts und einer kurzen, heftigen Debatte tauschen Fahrer und Kunde die Plätze. Yo-Yo amüsiert sich über Helmuts Namen, der ihn an »helmet« (Helm) erinnert, und Helmut denkt bei Yo-Yo an das Kinderspielzeug.

Zum Film: Nachdem Armin Mueller-Stahl seine amerikanische Karriere mit zwei Regisseuren, die eher Filme für das breite Publikum inszenieren, begonnen hat, begibt er sich bereits bei seinem dritten US-Auftritt unter die Fittiche eines eher extravaganten Künstlers. Der Kultfilmer Jim Jarmusch gibt ihm 1991 in »Night on Earth« die Gelegenheit, den anrührend komischen Part eines aus Dresden immigrierten naiven Taxifahrers zu verkörpern. Für Armin Mueller-Stahl geht damit ein langgehegter Wunsch in Erfüllung: Endlich kann er eine Figur, die wie ein Clown angelegt ist, spielen. Dem Clown, so der Mime, fühlt er sich in tiefster Seele verwandt.

Zitate:
»In New York kommt es zwischen dem schwarzen Fahrgast und seinem hilflosen Fahrer (wunderbar: Armin Mueller-Stahl), einem Ex-DDR-Flüchtling auf der Suche nach einer neuen Existenz, zu unfreiwilliger Anteilnahme.« (Angie Dullinger, Abendzeitung München, 12.12.1991)

»(...) in Zeiten der cineastischen High-Tech-Hochrüstung kommt ›Night on Earth‹ als kleiner, sympathisch bescheidener Film daher. Nicht der ›große Wurf‹, aber doch eine über weite Strecken kurzweilige, minimalistische Fingerübung eines Regisseurs, der noch immer für originelle Filme gut ist.« (Reinhard Lüke, film-dienst, 26.11.1991)

»Im Amerika Hollywoods ist Jarmusch ein Europäer. In Europa ist er neben Aki Kaurismäki der letzte Neorealist. Die fünf Episoden in ›Night on Earth‹ enthalten kleine Hommagen an die Regisseure, die er verehrt: John Cassavetes, Martin Scorsese, Claire Denis, Fellini und Kaurismäki. Roberto Rossellini hätte seine Filme gemocht, weil sie von Menschen handeln, die auf der Erde noch keine Heimat haben und sich dennoch nicht aufgeben. Das Kino der Präsenz wäre arm ohne Jim Jarmusch, den amerikanischen Freund.« (Andreas Kilb, Die Zeit, 13.12.1991)

»›Night on Earth‹ ist ein Muß für jeden, dessen Leben einmal auf der Fahrt vom Kennedy Airport von einem eingewanderten Taxifahrer verändert wurde.« (New York Newsday)

Utz

Inhalt: Herbst 1989. Marius Fischer (Peter Riegert), Besitzer einer New Yorker Galerie, erhält einen Telefonanruf aus Übersee. Am anderen Ende der Leitung spricht Dr. Vaclav Orlik (Paul Scofield) aus Prag. Dieser hat die Mitteilung zu machen, daß ihr gemeinsamer Freund Utz (Armin Mueller-Stahl) schwer erkrankt und möglicherweise nun bereit sei, seine Sammlung zu verkaufen. Das Geschäft seines Lebens vor Augen, macht sich Fischer auf den Weg nach Prag. Doch er kommt zu spät. Baron von Utz ist bereits verstorben. Für den Galeristen bricht eine Welt zusammen, als er erfährt, daß die unschätzbare Sammlung von Meißener Porzellanfiguren, die Utz in seinem Besitz hatte, spurlos verschwunden ist. Baron Kaspar Joachim von Utz wurde nach dem Tod seines Vaters ein leidenschaftlicher Sammler. Er schaffte es, daß seine über tausend Meißener Figuren den Zweiten Weltkrieg und die Stalin-Ära überdauerten. Gemeinsam mit seiner Haushälterin Marta (Brenda Fricker) führte er ein bescheidenes Leben in einer heruntergekommenen Prager Wohnung. Um seine millionenschwere Sammlung behalten zu können, ging Utz einen Handel mit den tschechischen Behörden ein. Er versprach, das Porzellan der Regierung zu vermachen, und genoß deshalb das Privileg, einmal im Jahr auf Kur in den Westen reisen zu dürfen. In der Schweiz besuchte Utz diverse Auktionen und schmuggelte die dort erstandenen Stücke in die Tschechoslowakei. Fischer, der den manischen Sammler einst auf einer solchen Auktion kennengelernt hatte, begibt sich nun auf die Suche nach den verschollenen Porzellanpretiosen. Hierfür aber muß er erst einmal den wahren Utz entdecken – jenen geheimnisvollen Mann, der tagsüber Meißener Porzellan durch seine Hände gleiten ließ, nachts aber durch Prags Bordelle zog. Denn nur die Gier nach wohlbeleibten Damen war noch stärker als die Sammlerleidenschaft. Bald erkennt Fischer, daß allein Marta, die stille, undurchsichtige Haushälterin des Barons, die Wahrheit über den einstigen Besitzer der wertvollsten Meißener Figuren kennt.

Zum Film: Ein weiterer Höhepunkt in Armin Mueller-Stahls Karriere. Für seine überzeugende Darstellung der Titelrolle in George Sluizers »Utz« wurde der Schauspieler auf den Internationalen Filmfestspielen von Berlin 1992 mit dem »Silbernen Bären« ausgezeichnet. Zu Recht. Denn obwohl der Film am »Euro-Pudding«-Syndrom krankt – hier hat ein niederländischer Regisseur mit deutschen und britischen Schauspielern in der ČSFR einen Roman des Engländers Bruce Chatwin mit italienischen Geldern realisiert –, läßt dies Mueller-Stahl und sein Spiel unberührt. Er drückt dem Film seinen Stempel auf, er ist es, der Mängel in Inszenierung und Dramaturgie vergessen macht.

Zitate:
»Armin Mueller-Stahl hat als Utz genau das schelmisch-wehmütige Gehabe, das ältere Menschen auch in Bahlsen-, Jacobs- und

Rentenversicherungsreklame so gerne an den Tag legen. Seine Haushälterin liebt und behandelt ihn, als wäre er selbst eine Porzellanfigur. (...) Wie die meisten Filme über alte Menschen stolpert auch dieser von Rückblende zu Rückblende. Zugesuppt wird das Flickwerk von sentimentalen Klarinettenmelodien. Einfachheitshalber reden alle englisch, obwohl sie eigentlich ein Durcheinander aus tschechisch, deutsch, französisch und englisch reden müßten. So praktisch kann Mitteleuropa sein.« (thc, die tageszeitung, 19.2.1992)

»Der anrührende Film mit einigen skurril-komischen Elementen erzählt in verschachtelten Rückblenden die Geschichte eines Lebens, das am Leben vorbeiführt.« (Hans Messias, film-dienst, 3.3.1992)

»Dennoch war ›Naked Lunch‹ einer der besseren Beiträge im Wettbewerb der Berlinale, in dem wie gewohnt braves europäisches Kunsthandwerk (George Sluizers Bruce-Chatwin-Verfilmung ›Utz‹, (...), amerikanischer Qualitätskitsch (...), nachgestammelte Zeitgeschichte (...) und pure Fernsehkonfektion (...) einander abwechselten. (...) Armin Mueller-Stahl wurde für seine Darstellung des Porzellansammlers Utz in George Sluizers Film ausgezeichnet. Der Rest der Entscheidungen ist das Papier nicht wert auf dem er steht.« (Andreas Kilb, Die Zeit, 28.2.1992)

Kafka

Da es den Autoren bis zu Redaktionsschluß dieses Buches nicht möglich war, Steven Soderberghs 1991 inszenierten und in den USA bereits angelaufenen Film zu sichten (der deutsche Verleih Senator Film konnte eine Kopie nicht rechtzeitig beibringen), muß an dieser Stelle auf Inhaltsangabe und Kommentar verzichtet werden.

Zitate:
»Als es darum ging, das Plakat zu ›Kafka‹ zu entwerfen, rief mich der Produzent Merk Johnson an und fragte mich, ob ich damit einverstanden wäre, wenn man Alec Guinness vor mir auflisten würde. Darauf erwiderte ich, daß es mir überhaupt eine große Ehre wäre, neben dieser Legende aufgeführt zu werden. Als ich später dieses Plakatmotiv in der ›Variety‹ entdeckte, war ich richtig stolz.« (Armin Mueller-Stahl)

Armin Mueller-Stahl in bester Gesellschaft

»Der ›Sex, Lügen und Video‹-Regisseur Steven Soderbergh hat sich hier an ein allzu großes Unternehmen gewagt, das aber in seiner Mischung aus Thriller, Kafka-Biographie und Einschüssen aus

Kafkas Werken zu einem Konglomerat wurde, das bei aller Faszination im Grunde nicht viel zu Kafka aussagt und auf jeden Fall nur für die Kunstkinoschiene taugt.
Jeremy Irons als Kafka lebt in Prag und gerät in eine Gruppe subversiver Leute, die ihre Feinde mit Feuerbomben traktieren.
Er befindet sich bald in einem gefährlichen Labyrinth von Intrigen und kommt so auch in das geheimnisvolle Schloß (wo der bisherige Schwarz-Weiß-Film farbig wird).
Armin Müller-Stahl (sic!) spielt einen Polizeichef, Alec Guinness und Joel Grey porträtieren marionettenhafte Bürovorsteher in überfrachteten Büros, die passend ›kafkaesk‹ sind.
Teils versucht die Kamera den klassischen Fotografiestil der berühmten deutschen Stummfilme nachzuahmen, und das gelingt nur teilweise.
Eine besonders für Kafka-Kenner und Liebhaber sehr interessante Arbeit, die vor allem auch beweist, daß Soderbergh sich enorm weiterentwickelt hat.« (Owen Levy, Blickpunkt: Film, 20.3.1992)

»The sophomore jinx has hit Steven Soderbergh just mildly with ›Kafka‹. Defiantly not a biopic, helmer's first outing since he burst upon the scene with ›Sex, Lies, and Videotape‹ nearly three years ago places the literary world's first modern alienated man in a sinister Prague, c. 1919, echoing author's fictional universe.« (Todd McCarthy, Variety, 9.11.1991)*

* »Der böse Fluch, der auf den zweiten Arbeiten der meisten Regisseure lastet, trifft Steven Soderbergh und seinen ›Kafka‹ kaum. Nach seinem fulminanten Kinodebüt ›Sex, Lügen und Video‹ vor fast drei Jahren widmet er sich nun dem ersten modernen entfremdeten Mann der Literaturgeschichte. Sein circa 1919 im finsteren Prag angesiedelter Film ist sicher kein ›biopic‹, sondern widerspiegelt viel eher das erdichtete Universum des Autors Kafka.«

Ein Ostpreuße macht Karriere

Biographie Armin Mueller-Stahl

Armin Mueller-Stahl kommt als drittes von fünf Kindern eines Bankbeamten am 17. Dezember 1930 in Tilsit auf die Welt. Seine drei noch lebenden Geschwister Hagen, Dietlind und Gisela sind ebenfalls künstlerisch – vornehmlich bei Theater und Fernsehen – tätig.

Nach dem Abitur studiert Mueller-Stahl elf Semester Musik (Geige und Musikwissenschaft) und schließt die Hochschule 1949 mit einem Examen als Musiklehrer ab. Den Schauspielunterricht muß der junge Mann nach einem Jahr wegen »mangelnder Begabung«

Armin Mueller-Stahl ohne Maske

(!) abbrechen. Dennoch kommt er 1952 bei Fritz Wisten und dessen Ostberliner Theater am Schiffbauerdamm unter, wo er sein Debüt in Friedrich Wolfs (Vater des renommierten DDR-Regisseurs Konrad Wolf) Bühnenstück »Der arme Konrad« gibt. Zwei Jahre später wechselt Mueller-Stahl ins Ensemble der Volksbühne über. Besetzt wird der aufstrebende Schauspieler sowohl in klassischen als auch modernen Rollen; so unter anderem in »Emilia Galotti« (Prinz), »Kabale und Liebe« (Wurm), »Romeo und Julia« (Mercurio), »Don Carlos« (Marquis Posa), »Was ihr wollt« (Narr), »Die schöne Helena« (Menelaos), »Von Riesen und Menschen« (Parteisekretär) oder »V wie Vietnam« (Megasheriff).
Ab 1955 findet Armin Mueller-Stahl auch bei Film und Fernsehen Beschäftigung. Besonders fruchtbar und wichtig ist die Zusammenarbeit mit Regisseur Frank Beyer und Autor Helmut Sakowski. Beyer, mit dem er insgesamt sechsmal zusammenarbeitet, überträgt ihm wichtige Auftritte in »Fünf Patronenhülsen«, »Königskinder« und »Nackt unter Wölfen«, während ihm Sakowski in seinen »Fernsehromanen« tragende Rollen, wie den Leßtorff in »Wege übers Land« oder den Klassenkämpfer Lindow in »Die Verschworenen« (zwei Fassungen), auf den Leib schreibt. Große Popularität und Bekanntheit beim breiten Publikum erreicht Mueller-Stahl durch seine Mitwirkung in den TV-Serien »Flucht aus der Hölle«, »Wolf unter Wölfen«, »Columbus 64« und besonders »Das unsichtbare Visier«.
In letztgenannter Reihe spielt er einen »sozialistischen Kundschafter«, eine Art James Bond, der bösen Kapitalisten das Handwerk legt. Aufgrund dieser Rolle wird er 1975 zum DDR-Fernsehkünstler des Jahres gewählt.
Aber auch die Auftritte in Unterhaltungsfilmen, landläufig gern als »leichte Kost« apostrophiert, meistert Armin Mueller-Stahl mit Bravour. Ob Indianerfilm (»Tödlicher Irrtum«), Abenteuerfilm (»Kit & Co. – Lockruf des Goldes«), Komödie (»Nelken in Aspik«) oder Raubritter-Klamauk (»Die Hosen des Ritters von Bredow«), Mueller-Stahl gibt sein Bestes und vermeidet Klischees. Neben seinen TV- und Kino-Engagements findet er sogar noch Zeit, als Synchron- und Radiosprecher zu arbeiten, tritt als Chansonsänger mit Eigenkompositionen auf und malt in jeder freien Minute.
Im Frühjahr 1980 siedelt Armin Mueller-Stahl in den Westen über. Nachdem er die »Biermann-Petition«, in der gegen die Ausbürgerung des prominenten Liedermachers Wolf Biermann protestiert

wird, unterschrieben hat und im umstrittenen TV-Film »Geschlossene Gesellschaft« von Frank Beyer aufgetreten ist, bekommt er in der DDR keine Arbeit mehr. Die Erlebnisse dieser Zeit hält er in dem Roman »Verordneter Sonntag« fest.
Im Westen angekommen, kann der vielseitige Schauspieler seine Karriere im Kino und beim Fernsehen nahtlos fortsetzen. Seine erste Kinorolle überträgt ihm gar Rainer Werner Fassbinder in »Lola«. Angebote etwa von Alexander Kluge (»Der Angriff der Gegenwart auf die übrige Zeit«), Herbert Achternbusch (»Rita Ritter«) und Hans C. Blumenberg (»Tausend Augen«) folgen. Aber auch bei ausländischen Regisseuren ist Mueller-Stahl ein gefragter Mann. So besetzt ihn unter anderem der Ungar Istvan Szabo in »Oberst Redl«, die Polin Agnieszka Holland in »Bittere Ernte«, der Österreicher Axel Corti in »An uns glaubt Gott nicht mehr« (TV) und der Franzose Patrice Chéreau in »Der verführte Mann«.
1989 schafft der versierte, vielseitige Darsteller den ganz großen Durchbruch. Amerikanische Kinoproduzenten und -regisseure werden auf den knapp 60jährigen mit der starken Ausstrahlung aufmerksam, nachdem er 1986/87 in Donald Wyres umstrittener – weil angeblich antisowjetischer –, siebenteiliger US-TV-Serie »Amerika« als General Samanov aufgetreten ist. In Constantin Costa-Gavras »Music Box« gibt er an der Seite von Jessica Lange sein amerikanisches Leinwanddebüt. US-Produktionen mit Barry Levinson (»Avalon«), Jim Jarmusch (»Night on Earth«), Steven Soderbergh (»Kafka«) und John G. Avildsen (»The Power of One«) folgen. In seinem (Tage-)Buch »Drehtage«, das er während der Arbeit an »Music Box« und »Avalon« verfaßt, schildert er seine ersten Eindrücke über Leben und Arbeiten in der »Neuen Welt«.
Heute lebt Armin Mueller-Stahl mit seiner Frau Gabriele, einer Hautärztin, und seinem 1976 geborenen Sohn Christian in Hamburg und in Sierksdorf an der Ostsee.

Auszeichnungen

1963 Kunstpreis der DDR
1965 Silberner Lorbeer des DFF für »Wolf unter Wölfen«
1972 Nationalpreis II. Klasse für »Die Verschworenen«
1975 Theodor-Körner-Preis für »Das unsichtbare Visier« (im Kollektiv)

1982 Deutscher Filmpreis:
Filmband in Gold als Darsteller in »Lola«
Deutscher Darstellerpreis:
Chaplin-Schuh

1985 Darstellerpreis der Internationalen Filmfestspiele
von Montreal für »Bittere Ernte«

1992 Darstellerpreis der Internationalen Filmfestspiele Berlin:
Silberner Bär für »Utz«

Von »Heimliche Ehen« bis »Kafka«

Filmographie Armin Mueller-Stahl

Kino

1955

Heimliche Ehen
DDR/82 Min./schwarzweiß
Regie: Gustav von Wangenheim
Produktion: DEFA
Buch: Gustav von Wangenheim
Kamera: Eugen Klagemann
Musik: Günther Kochan
Schnitt: Wally Gurschke
Darsteller: Eduard von Winterstein (Hillebrandt), Franz Kutschera (Raugraff), Helga Jordan (Hanni), Paul Heidemann (Trucks), Theo Shall (Steinschneider), Marga Legal (Frau Oberlin), Margret Stange (Lilli), Armin Mueller-Stahl (Norbert) u.v.a.

1959/60

Fünf Patronenhülsen
DDR/88 Min./schwarzweiß
Regie: Frank Beyer
Produktion: DEFA
Buch: Walter Gorrish
Kamera: Günter Marczinkowsky
Musik: Joachim Werzlau, es singt Ernst Busch
Darsteller: Erwin Geschonneck (Kommissar Witting, Deutscher), Ulrich Thein (Wasja, Russe), Edwin Marian (José, Spanier), Ernst-Georg Schwill (Willi, Deutscher), Armin Mueller-Stahl (Pierre, Franzose), Manfred Krug (Oleg, Pole), Günter Naumann (Dimitri, Bulgare) u.v.a.

1961/62

Königskinder
DDR/89 Min./schwarzweiß
Regie: Frank Beyer
Produktion: DEFA, KAG: Roter Kreis

Titelbild des Progress-Filmprogramms

Progress-Filmprogramm

Buch: Edith und Walter Gorrish
Kamera: Günter Marczinkowsky, Karl Drömmer
Musik: Joachim Werzlau
Schnitt: Hildegard Conrad
Darsteller: Annekathrin Bürger (Magdalena), Armin Mueller-Stahl (Michael), Ulrich Thein (Jürgen), Marga Legal, Charlotte Küter, Monika Lennartz, Günter Naumann, Erik Veldre, Manfred Krug u.v.a.

... Und deine Liebe auch
DDR/92 Min./schwarzweiß
Regie: Frank Vogel
Produktion: DEFA, KAG: Heinrich Greif
Buch: Paul Wiens
Kamera: Günter Ost
Musik: Hans-Dieter Hosalla
Schnitt: Ella Ensink
Darsteller: Kati Szekely (Eva, Postbotin), Armin Mueller-Stahl (Ulli, Elektromonteur), Ulrich Thein (Klaus, Taxifahrer), Katharina Lind, Alfonso Arau, Maria Besendahl, Marita Böhme u.v.a.

1962

Nackt unter Wölfen
DDR/117 Min./schwarzweiß
Regie: Frank Beyer
Produktion: DEFA, KAG: Roter Kreis
Buch: Bruno Apitz, Frank Beyer, nach dem Roman von Bruno Apitz
Kamera: Günter Marczinkowsky
Musik: Joachim Werzlau
Darsteller: Erwin Geschonneck (Krämer), Armin Mueller-Stahl (Höfel), Krystyn Wojcik (Kropinski), Fred Delmare, Viktor Awdjuschko, Gerry Wolff, Erik S. Klein, Herbert Köfer, Bruno Apitz u.v.a.

1963

Christine (nicht fertiggestellt)
Regie: Slatan Dudow

Preludio 11
DDR/90 Min./schwarz-weiß
Regie: Kurt Maetzig
Produktion: DEFA, KAG: Roter Kreis

Buch: Wolfgang Schreyer, nach seinem Roman
Kamera: Günter Haubold
Musik: Maria Valdis
Schnitt: Bärbel Weigel
Darsteller: Aurora Depestre (Daniela), Roberto Blanco (Miguel, Konstrukteur), Günther Simon (Palomino, Kommandant), Armin Mueller-Stahl, Gerry Wolff, Helmo Hernandez, Fred Delmare u.v.a.

1964

Alaskafüchse
DDR/99 Min./schwarzweiß
Regie: Werner W. Wallroth
Produktion: DEFA, KAG: Roter Kreis
Buch: Egon Günther, nach der gleichnamigen Erzählung von Wolfgang Schreyer
Darsteller: Thomas Weisgerber, Hans-Peter Minetti, Gerhard Rachold, Friederike Sturm, Wolf Kaiser, Armin Mueller-Stahl

1966/67

Ein Lord am Alexanderplatz
DDR/112 Min./schwarzweiß
Regie: Günter Reisch
Produktion: DEFA, KAG: Johannisthal
Buch: Kurt Belicke, Günter Reisch
Kamera: Jürgen Brauer
Musik: Gerd Natschinski
Darsteller: Erwin Geschonneck (Ewald Honig, Heiratsschwindler), Angelica Domröse (Ina, Kosmetikerin), Monika Gabriel, Armin Mueller-Stahl, Marianne Wünscher, Erika Dunkelmann, Carola Braunbock, Friedo Solter u.v.a.

1969

Tödlicher Irrtum
DDR/99 Min.
Regie: Konrad Petzold
Produktion: DEFA in Zusammenarbeit mit dem Kinostudio Sofia und Polski-Film, Studio Lodz

Kriminalisten unter sich: Armin Mueller-Stahl und Monika Gabriel in ›Ein Lord am Alexanderplatz‹

Buch: Günter Karl, Rolf Römer
Kamera: Wilhelm Neef
Schnitt: Thea Richter
Darsteller: Gojko Mitic (Shave Head), Armin Mueller-Stahl (Chris Howard), Annekathrin Bürger (Caroline), Krystyna Mikolajewska (Jesse), Kati Bus (White Leaf), Rolf Hoppe (Allison), Bruno O'Ya (Hank Jackson) u.v.a.

1971

Der Dritte
DDR/111 Min.
Regie: Egon Günther
Produktion: DEFA, KAG: Berlin
Buch: Egon Günther, Szenarium: Günther Rücker, nach der Erzählung »Unter den Bäumen regnet es zweimal« von Eberhard Panitz
Kamera: Erich Gusko
Musik: Karl-Ernst Sasse
Darsteller: Jutta Hoffmann (Margit, Mathematikerin), Rolf Ludwig (Hrdlitschka), Armin Mueller-Stahl (Blinder), Barbara Dithes, Peter Köhncke, Erika Pelikowsky, Jaecki Schwarz, Fred Delmare u.v.a.

1971/72

Januskopf
DDR/93 Min.
Regie: Kurt Maetzig
Produktion: DEFA, KAG: Johannisthal
Buch: Helfried Schreiter, Szenarium: Hans-Albert Pederzani
Kamera: Werner Bergmann, Jürgen Brauer
Musik: Karl-Ernst Sasse
Schnitt: Brigitte Krex
Darsteller: Armin Mueller-Stahl (Dr. Brock, DDR-Staatssekretär), Katja Paryla (Vera), Norbert Christian (Prof. Hülsenbeck, Biochemiker), Viktor Awdjuschko/dt. Sp. Eberhard Mellies, Galina Polskich/dt. Sp. Jutta Hoffmann, Mathilde Danegger, Fred Delmare, Frank Beyer u.v.a.

1972/73

Die Hosen des Ritters von Bredow
DDR/ca. 90 Min.
Regie: Konrad Petzold
Produktion: DEFA, KAG: Johannisthal
Buch: Günter Kaltofen, frei nach Willibald Alexis
Kamera: Hans Heinrich
Musik: Günter Hauk
Schnitt: Ilse Peters
Darsteller: Rolf Hoppe (Ritter Götz von Bredow), Lissy Tempelhof (Brigitte von Bredow), Kati Bus (Eva, beider Tochter), Petr Skarke (Junker Hans-Jürgen), Ezard Haußmann (Melchior von Bredow), Gerry Wolff (Großknecht Kaspar), Eva-Maria Hagen (Großmagd Wibke), Armin Mueller-Stahl (Dechant von Krummensee) u.v.a.

1974

Kit & Co – Lockruf des Goldes
DDR/97 Min.
Regie: Konrad Petzold
Produktion: DEFA
Buch: Günther Karl, nach Jack London
Kamera: Hans Heinrich
Musik: Karl-Ernst Sasse

Rolf Hoppe als trinkfester Ritter von Bredow

Darsteller: Dean Reed, Rolf Hoppe, Renate Blume, Manfred Krug, Armin Mueller-Stahl u.v.a.

Jakob der Lügner
DDR/104 Min.
Regie: Frank Beyer
Produktion: DEFA, Gruppe: Johannisthal/Fernsehen der DDR
Buch: Frank Beyer, Szenarium: Jurek Becker nach seinem Roman
Kamera: Günther Marczinkowsky
Musik: Joachim Werzlau
Darsteller: Vlastimil Brodsky/dt. Sp. Norbert Christian (Jakob), Erwin Geschonneck (Kowalski), Manuela Simon, Henry Hübchen, Blanche Kommerell, Armin Mueller-Stahl u.v.a.

1975/76

Nelken in Aspik
DDR/95 Min.
Regie: Günter Reisch
Produktion: DEFA, Gruppe: Johannisthal
Buch: Kurt Belicke, Günter Reisch
Kamera: Günter Haubold
Musik: Reinhard Lakomy; *Texte:* Fred Gertz
Schnitt: Monika Schindler
Darsteller: Armin Mueller-Stahl (Wolfgang Schmidt, Werbezeichner), Helga Sasse (Cilly), Erik S. Klein, Helga Göring, Herbert Köfer, Eva-Maria Hagen, Edwin Marian, Norbert Christian, Winfried Glatzeder u.v.a.

1976/77

Die Flucht
DDR/100 Min.
Regie: Roland Gräf
Produktion: DEFA, Gruppe Roter Kreis
Buch: Hannes Hüttner, Roland Gräf
Kamera: Claus Neumann
Musik: Günther Fischer
Darsteller: Armin Mueller-Stahl (Dr. Schmith, Oberarzt), Jenny Gröllmann (Dr. Katharina Kraus, Ärztin), Gerhard Bienert, Wilhelm Koch-Hooge, Karin Gregorek, Rolf Hoppe, Erika Pelikowsky u.v.a.

Jeder hat seinen Preis. Auch Armin Mueller-Stahl in ›Lola‹

1981

Lola
BRD/115 Min.
Regie: Rainer Werner Fassbinder
Produktion: Rialto/Trio/WDR
Buch: Peter Märthesheimer, Pea Fröhlich
Kamera: Xaver Schwarzenberger
Musik: Peer Raben
Schnitt: Juliane Lorenz, Rainer Werner Fassbinder
Darsteller: Barbara Sukowa (Lola), Armin Mueller-Stahl (von Bohm), Mario Adorf (Schuckert), Matthias Fuchs (Esslin), Ivan Desny (Wittich), Helga Feddersen (Hettich), Karin Baal (Mutter Lolas), Karl-Heinz von Hassel (Timmerding), Elisabeth Volkmann, Hark Bohm, Rosl Zech, Christine Kaufmann, Udo Kier, Harry Baer (u.v.a.)

Der Westen leuchtet!
BRD/108 Min.
Regie: Niklaus Schilling
Produktion: Visual/ZDF
Buch: Niklaus Schilling
Kamera: Wolfgang Dickmann
Musik: Michael Rueggeberg, Gianna Nannini, Carl Maria von Weber, Patchwork

Darsteller: Armin Mueller-Stahl, Beatrice Kessler, Melanie Tressler, Harry Baer, Gunther Malzacher u.v.a.

1981/82

Die Sehnsucht der Veronika Voss
BRD/104 Min./schwarzweiß
Regie: Rainer Werner Fassbinder
Produktion: Laura/Tango/Rialto/Trio/Maran
Buch: Peter Märthesheimer, Pea Fröhlich
Kamera: Xaver Schwarzenberger

Filmprogramm-Titelseite von ›Die Sehnsucht der Veronika Voss‹

Musik: Peer Raben
Schnitt: Juliane Lorenz
Darsteller: Rosel Zech (Veronika Voss), Armin Mueller-Stahl (ihr Mann), Hilmar Thate (Robert Krohn, Sportreporter), Annemarie Düringer (Frau Dr. Katz), Doris Schade (Josefa), Cornelia Froboess (Henriette), Erik Schumann (Dr. Edel), Peter Berling (Filmproduzent/dicker Mann), Rudolf Platte, Volker Spengler, Peter Zadek, Elisabeth Volkmann, Susanne Aernecke u.v.a.

1982

Die Flügel der Nacht
BRD/95 Min.
Regie: Hans Noever
Produktion: DNS-Film und POPULAR Film Hans H. Kaden/BR
Buch: Hans Noever, Ursula Jeshel
Kamera: Robert Alazraki
Musik: Antonio Vivaldi, Johann Strauß, Loek Dikker, Heinz Graf, Hans Noever, Joe Haider, Peter Tiefenthaler, Orchester Ari Hakulinen
Schnitt: Elke Schmid
Darsteller: Christine Boisson (Rosa), Michael König (Elser), Armin Mueller-Stahl (Goedel), Laurens Straub (Simon Bolivar alias Jopp Schneider),

Szenenfoto ›Die Flügel der Nacht‹

Reinhardt Firchow (Marcel), Dietmar Buchmann (Julius), Cay Calov (älterer Mann), Renate Muhri (Entertainerin) u.v.a.

1982/83

Un Dimanche de Flic
Zwei Profis steigen aus
Frankreich/BRD/99 Min.
Regie: Michel Vianey
Produktion: Filmax/KF Kinofilm
Buch: Michel Vianey, nach einem Roman von Andrew Coburn
Kamera: Robby Müller
Musik: Jean-Pierre Mas
Darsteller: Jean Rochfort, Victor Lanoux, Barbara Sukowa, Corinne Brodbeck, Armin Mueller-Stahl u.v.a.

Trauma
BRD/93 Min.
Regie: Gabi Kubach
Produktion: Tura-Film/Winkelmann Produktion/Demos-Film/WDR
Buch: Gabi Kubach
Kamera: Helge Weindler
Musik: Paul Vincent Gunia
Schnitt: Peter Przygodda
Darsteller: Birgit Doll (Anna), Lou Castel (Lemaitre), Armin Mueller-Stahl (Sam), Hanne Wieder (Annas Mutter), Jana Marangosov (Christina), Eva Maria Hagen, Erika Wackernagel, Gloria Doer u.v.a.

1983

L'Homme Blesse
Der verführte Mann
Frankreich/109 Min.
Regie: Patrice Chéreau
Produktion: Partners/Renn/Oliane/Azor/FR 3
Buch: Hervé Guibert, Patrice Chéreau
Kamera: Renato Berta
Musik: Albert Ayler
Schnitt: Denise de Casablanca
Darsteller: Jean-Hugues Anglade (Henri), Vittorio Mezzogiorno (Jean),

Armin Mueller-Stahl nimmt in ›Eine Liebe in Deutschland‹ Maß

Roland Bertin (Bosmans), Lisa Kreuzer (Elisabeth), Armin Mueller-Stahl (Vater), Claude Berri (Freier), Gerard Desarthe (weinender Mann), Annik Alane (Mutter) u.v.a.

Eine Liebe in Deutschland
BRD/Frankreich/108 Min.
Regie: Andrzej Wajda
Produktion: CCC Filmkunst/Gaumont/ZDF
Buch: Boleslaw Michalek, Agnieszka Holland, Andrzej Wajda, nach einem Roman von Rolf Hochhuth
Kamera: Igor Luther
Musik: Michel Legrand
Darsteller: Hanna Schygulla, Piotr Lysak, Daniel Olbrychski, Armin Mueller-Stahl, Bernhard Wicki u.v.a.

Glut
BRD/Schweiz/111 Min.
Regie: Thomas Koerfer
Produktion: Cactus/Thomas Koerfer Film/SRG/prokino/ZDF
Buch: Thomas Koerfer, Dieter Feldhausen
Kamera: Frank Brühne, Pio Corradi
Musik: Peer Raben
Schnitt: Georg Janett
Darsteller: Armin Mueller-Stahl (François Korb/Andres Korb), Katharina Thalbach (Claire Korb), Thomas Lücking (Andres), Matthias Habich (Albert Korb), Sigfrit Steiner (Oberst Wettach), Krystyna Janda (Hanna Drittel) u.v.a.

Rita Ritter
BRD/93 Min.
Regie: Herbert Achternbusch
Produktion: Herbert Achternbusch Filmproduktion
Buch: Herbert Achternbusch
Kamera: Jörg Schmidt-Reitwein
Schnitt: Micki Joanni
Darsteller: Annamirl Bierbichler (Der Rita), Christiane Cohendy (Die Rota), Armin Mueller-Stahl (Cloos), Barbara Valentin (Frau Holch), Eva Mattes (Braut), Sepp Bierbichler (Bräutigam) u.v.a.

1983/84

Tausend Augen
BRD/92 Min.
Regie: Hans-Christoph Blumenberg
Produktion: Project/Radiant/ZDF
Buch: Hans-Christoph Blumenberg
Kamera: Martin Schäfer
Musik: Hubert Bartholomae
Schnitt: Helga Borsche
Darsteller: Barbara Rudnik (Gabriele), Armin Mueller-Stahl (Arnold), Wim Wenders (Dieb im Videoladen), Vera Tschechowa (Victoria), Gudrun Landgrebe (Lohmann), Peter Kraus (Taxifahrer), Karin Baal, Hannelore Hoger u.v.a.

Peep-Show-Manager Arnold (Armin Mueller-Stahl) träumt in H. C. Blumenbergs ›Tausend Augen‹ von Gabriele (Barbara Rudnik)

Der Bauer bittet zum Tanz. Armin Mueller Stahl und Elisabeth Trissenaar

Bittere Ernte
BRD/102 bzw. 108 Min.
Regie: Agnieszka Holland
Produktion: CCC Filmkunst/Admiral-Film
Buch: Paul Hengge, Agnieszka Holland, nach dem Roman von Hermann H. Field & Stanislaw Mierzenski
Kamera: Josef Ort-Snep
Musik: Jörg Straßburger
Schnitt: Barbara Kunze
Darsteller: Armin Mueller-Stahl (Leon), Elisabeth Trissenaar (Rosa), Käthe Jaenicke (Anna), Hans Beerhenke (Kaspar), Isa Haller (Magda), Tilly Lauenstein (Frau Kaminska), Margit Carstensen, Gerd Baltus, Anita Höfer, Kurt Raab u.v.a.

Redl Ezredes
Oberst Redl
BRD/Österreich/Ungarn/150 Min.
Regie: Istvan Szabo
Produktion: Manfred Durniok Prod./ZDF/Mafilm/ORF
Buch: Istvan Szabo, Peter Dobai
Kamera: Lajos Koltai
Musik: Zdenko Tamassy
Schnitt: Zsuzsa Csakany
Darsteller: Klaus Maria Brandauer (Alfred Redl), Gudrun Landgrebe (Katalin de Kubiny), Hans-Christian Blech (von Roden), Armin Mueller-Stahl (Thronfolger Franz-Ferdinand), Jan Niklas (Christoph de Kubiny), Karoly Eperjes (Lt. Schorm), Laszlo Mensaros (Oberst Ruzitska), Dorottya Udvaros (Clarissa) u.v.a.

Vergeßt Mozart
BRD/92 Min.
Regie: Slavo Luther
Produktion: OKO-Film
Buch: Zev Mahler
Kamera: Joseph Simoncic
Musik: Wolfgang Amadeus Mozart
Darsteller: Armin Mueller-Stahl (Pergen), Tidof (Mozart), Catarina Raacke (Konstanze), Wolfgang Preiss (van Swieten), Uwe Ochsenknecht

Armin Mueller-Stahl bringt in ›Oberst Redl‹ Klaus Maria Brandauer zu Fall

Mehr Schein als Sein: reißerisches Plakatmotiv zu ›Vergeßt Mozart‹

(Schikaneder), Winfried Glatzeder (Salieri), Katja Flint (Magdalena), Kurt Weinzierl (Arzt) u.v.a.

1985

Der Angriff der Gegenwart auf die übrige Zeit
BRD/113 Min.
Regie: Alexander Kluge
Produktion: Kairos/ZDF
Buch: Alexander Kluge
Kamera: Thomas Mauch, Werner Lüring, Herrmann Fahr, Judith Kaufmann

Aushangbild zum Film-Essay Alexander Kluges

Armin Mueller-Stahl als Chef der grauen Herren

Schnitt: Jane Seitz
Darsteller: Jutta Hoffmann (Gertrud Meinecke, die Berechnende), Armin Mueller-Stahl (Blinder Regisseur), Michael Rehberg (Herr von Gerlach, ein Eiliger), Peter Roggisch (Großer Chef), Rosel Zech (Die Überflüssige), Maria Slatinaru (Tosca, eine Sängerin), Alfred Edel (Motivforscher), Rosemarie Fendel (Ehefrau des Eiligen), Edgar M. Böhlke (Schrotthändler) u.v.a.

1985/86

Momo
BRD/104 Min.
Regie: Johannes Schaaf
Produktion: Rialto/Iduna/S.A.C.I.S./Cinecittá
Buch: Johannes Schaaf, Rosemarie Fendel, Michael Ende, Marcello Coscia, nach einem Roman von Michael Ende
Kamera: Xaver Schwarzenberger
Musik: Angelo Branduardi
Schnitt: Amadeo Salfa

Darsteller: Radost Bokel (Momo), Mario Adorf (Nicola), Armin Mueller-Stahl (Chef der »grauen Herren«), Sylvester Groth (Agent BLW/553 X), Leopoldo Trieste (Beppo), John Huston (Meister Hora), Ninetto Davoli (Nino), Concetta Russino, Michael Ende u.v.a.

Unser Mann im Dschungel
Videotitel: Amazonas Mission
BRD/101 Min.
Regie: Rudolf Steiner
Produktion: Provobis/SWF
Buch: Peter Stripp
Kamera: Helge Weindler
Musik: Manfred Hübler
Schnitt: Sybille Windt
Darsteller: Armin Mueller-Stahl (Lutz Kehlmann), Katja Rupé (Sabine Kehlmann), Simon Rühaak (Pilot Wienert), Samuel Caento Padilla (Juan), Edica Grefa (Yatu) u.v.a.

1987

Der Joker
BRD/97 Min.
Regie: Peter Patzak
Produktion: K.S. Film/CTV/Lisa
Buch: Peter Patzak, Jonathan Carroll
Kamera: Igor Luther, Dietrich Lohmann
Musik: Peter Maffay
Schnitt: Michou Hutter
Darsteller: Peter Maffay (Jan Bogdan), Tahnee Welch (Daniela Santini), Elliott Gould (Serge Gart), Michael York (Dr. Propper), Armin Mueller-Stahl (Axel Baumgartner), Massimo Ghini (Toni Blach), Werner Pochath (Rech), Marquard Bohm (Pfeffer) u.v.a.

1988

Killing Blue
BRD/96 Min.
Regie: Peter Patzak
Produktion: Lisa/K.S./Roxy
Buch: Julia Kent, Paul Nicholas, Peter Patzak

›Unser Mann im Dschungel‹ wurde zur Videoauswertung in ›Amazonas Misson‹ umbenannt

Müdes Plakat, müder Film: ›Killing Blue‹

Kamera: Anton Peschke
Musik: Carl Carlton, Bertram Engel
Schnitt: Michou Hutter
Darsteller: Armin Mueller-Stahl (Alex Glass), Morgan Fairchild (Lisa Ostermann), Michael York (Michael Carstens), Frank Stallone (Georg Miskowski), Julia Kent (Shirly Mai), Allegra Curtis (Monika Carstens), Monika Bleibtreu (Frau Carstens), Constanze Saskia Rahn (Ines Berger) u.v.a.

Schweinegeld – Ein Märchen der Gebrüder Nimm
BRD/91 Min.
Regie: Norbert Kückelmann
Produktion: FFAT/Maran-Film/Pro-ject/Kairos-Film
Buch: Norbert Kückelmann, Michael Juncker, Dagmar Kekulé
Kamera: Frank Brühne
Musik: Hanno Rinne, Gabriela de Rosa
Schnitt: Nani Schumann
Darsteller: Armin Mueller-Stahl (Maxwell), Claudia Messner (Wally), Rolf Zacher (Harry), Stefan Suske (Ferdinand Liebkind), Hans Michael Rehberg (Konzernanwalt), Günter Gräwert (Konzernmanager), Manfred Rendl (sein Stellvertreter), Alfred Edel (1. Politiker) u.v.a.

Das Spinnennetz
BRD/Österreich/Italien/196 Min.
Regie: Bernhard Wicki
Produktion: Provobis/Beta/ZDF/ORF/RAI DUE/TVE/Filmexport Bratislava

Armin Mueller-Stahl beim Pennermahl in ›Schweinegeld‹

Plakatmotiv zu Costa-Gavras' Polit-Thriller

Buch: Wolfgang Kirchner, Bernhard Wicki, nach dem gleichnamigen Roman von Joseph Roth
Kamera: Gerard Vandenberg
Musik: Günther Fischer
Schnitt: Tanja Schmidbauer
Darsteller: Ulrich Mühe (Theodor Lohse), Armin Mueller-Stahl (Baron von Rastschuk), Andrea Jonasson (Rahel Efrussi), Corinna Kirchhoff (Else von Schlieffen), Elisabeth Endriss (Anna), Ullrich Haupt (Baron von Köckwitz), Agnes Fink (Lohses Mutter), Klaus Maria Brandauer (Lenz), Ernst Stötzner (Günter), Hark Bohm (Dada-Künstler), Alfred Hrdlicka (Klaften) u.v.a.

Music Box
Music Box – Die ganze Wahrheit
USA/125 Min.
Regie: Constantin Costa-Gavras
Produktion: Irwin Winkler Prod.
Buch: Joe Eszterhas
Kamera: Patrick Blossier
Musik: Philippe Sarde
Schnitt: Joelle van Effenterre
Darsteller: Jessica Lange (Ann Talbot), Armin Mueller-Stahl (Mike Laszlo), Frederic Forrest (Jack Burke), Donald Moffat (Harry Talbot), Lukas Haas (Mikey Talbot), Cheryl Lynn Bruce (Georgine Wheeler), Mari Töröcsik (Magda Zoldan), J.S. Block, Sol Frieder, Elzbieta Czyzewska u.v.a.

1990

Bronsteins Kinder
BRD/100 Min.
Regie: Jerzy Kawalerowicz
Produktion: Otto Meissner
Buch: Jerzy Kawalerowicz, Jurek Becker, nach der gleichnamigen Novelle von Jurek Becker
Kamera: Witold Sobocinski
Schnitt: Helga Olschewski
Darsteller: Matthias Paul (Hans Bronstein), Armin Mueller-Stahl (Arno Bronstein), Angela Winkler (Elle Bronstein), Katharina Abt (Martha Lepschitz), Rolf Hoppe (Gefangener), Karin Eickelbaum (Raher Lep-

Armin Mueller-Stahl wagt in ›Bronsteins Kinder‹ ein gefährliches Spiel

schitz), Peter Matic (Hugo Lepschitz), Alexander May (Rotstein), Buddy Elias (Gordon Kwart) u.v.a.

Avalon

USA/127 Min.
Regie: Barry Levinson
Produktion: Mark Johnson, Barry Levinson
Buch: Barry Levinson
Kamera: Allen Daviau
Musik: Randy Newman
Schnitt: Stu Linder
Darsteller: Leo Fuchs (Hymie Krichinsky), Eve Gordon (Dottie Kirk), Lou Jacobi (Gabriel Krichinsky), Armin Mueller-Stahl (Sam Krichinsky), Elizabeth Perkins (Ann Kaye), Joan Plowright (Eva Krichinsky), Kevin Pollak (Izzy Kirk), Aidan Quinn (Jules Kaye), Israel Rubinek, Elijah Wood, Grant Gelt, Mindy Loren Isenstein u.v.a.

Plakatmotiv zu Barry Levinsons ›Avalon‹

›Avalon‹: Nach harter Arbeit soll man ruhen ...

1991

Night on Earth
USA/126 Min.
Regie: Jim Jarmusch
Produktion: Jim Jarmusch
Buch: Jim Jarmusch
Kamera: Frederick Elmes
Musik: Tom Waits
Schnitt: Jay Rabinowitz
Darsteller: Winona Ryder (Corky), Gena Rowlands (Victoria Snelling), Giancarlo Esposito (Yo-Yo), Armin Mueller-Stahl (Helmut Grokenberger), Isaach de Bankolé (Taxifahrer), Béatrice Dalle (blinde Passagierin), Roberto Benigni (Taxifahrer), Paolo Bonacelli (Priester), Matti Pellonpää (Taxifahrer), Kari Väänänen (erster Mann) u.v.a.

Kafka
USA/98 Min./schwarzweiß & Farbe
Regie: Steven Soderbergh
Produktion: Stuart Cornfeld, Harry Benn
Buch: Lem Dobbs
Kamera: Walt Lloyd
Musik: Cliff Martinez
Schnitt: Steven Soderbergh
Darsteller: Jeremy Irons (Kafka), Theresa Russell (Gabriela), Joel Grey (Burgel), Ian Holm (Dr. Murnau), Jeroen Krabbé (Bizzlebek), Armin Mueller-Stahl (Grubach), Alec Guinness (Chefbuchhalter), Brian Glover u.v.a.

Utz
GB/Deutschland/Italien/95 Min.
Regie: George Sluizer
Produktion: John Goldschmidt
Buch: Hugh Whitemore, nach dem Roman von Bruce Chatwin
Kamera: Gerard Vandenberg
Musik: Nicola Piovani
Schnitt: Lin Friedman
Darsteller: Armin Mueller-Stahl (Baron Kaspar Joachim von Utz), Brenda Fricker (Marta), Peter Riegert (Marius Fischer), Paul Scofield (Dr. Vaclav Orlik), Miriam Karlin (Großmutter Utz), Christian Mueller-Stahl (Utz, 18jährig), Jakub Zdenek (Utz, 11jährig), Christian Rabe (Utz, 5jährig) u.v.a.

1992

The Power of One
USA/ca. 100 Min.
Regie: John G. Avildsen
Produktion: Arnon Milchan
Buch: Robert Mark Kamen, nach dem gleichnamigen Roman von Bryce Courtenay
Kamera: Dean Semler
Musik: Hans Zimmer
Schnitt: John G. Avildsen
Darsteller: Stephen Dorff (P.K., 18jährig), Armin Mueller-Stahl (Doc), John Gielgud (St. John), Morgan Freeman (Geel Piet), Brendan Deary

Der gelernte Musiker in seinem Element. Armin Mueller-Stahl greift in ›The Power of One‹ virtuos in die Tasten

Armin Mueller-Stahl in John G. Avildsens ›The Power of One‹

(P.K. als Kleinkind), Guy Witcher (P.K., 7jährig), Simon Fenton (P.K., 12jährig), Tracy Brooks Swope (Mutter) u.v.a.

Fernsehen

1958

Rose Bernd
DDR

1959

Beton
DDR
Regie: Fred Mahr

Marquis von Keith
DDR
Regie: Fred Mahr

1960

Flucht aus der Hölle (vierteiliger TV-Film)
DDR
Regie: Hans-Erich Korbschmitt

1961

Der Raub der Sabinerinnen
DDR

1962

Das Mädchen ohne Mitgift
DDR
Regie: Lothar Bellagh

Die letzte Chance
DDR
Regie: Hans-Joachim Kasprzik

Armin Mueller-Stahl hält in ›Rose Bernd‹ zu Ruth Maria Kubitschek

Szenenfoto aus dem TV-Film ›Das Mädchen ohne Mitgift‹

1963

Rauhreif
DDR
Regie: Hans-Erich Korbschmitt

Der andere neben dir
DDR
Regie: Ulrich Thein

1964/65

Wolf unter Wölfen (vierteiliger TV-Film)
DDR
Regie: Hans-Joachim Kasprzik

1966

Columbus 64 (vierteiliger TV-Film)
DDR
Regie: Ulrich Thein

Kämpfer und Sieger (15teilige TV-Serie)
DDR
Armin Mueller-Stahl tritt in der 11. Folge »Zum ersten Mal in Deutschland« auf

1968

Wege übers Land (fünfteiliger TV-Film)
DDR
Regie: Martin Eckermann

1969

Die Dame aus Genua (dreiteiliger TV-Film)
DDR
Regie: Kurt Jung-Alsen

Aus unserer Zeit (Episodenfilm)
DDR
Regie: Helmut Nitzschke, Rainer Simon, Kurt Maetzig, Werner Bräunig

1970

Kein Mann für Camp Detrick
DDR
Regie: Ingrid Sander

1971

Arzt wider Willen (TV-Spiel)
DDR
Regie: Benno Besson

Die Verschworenen (vierteiliger TV-Film/1972 Neufassung in fünf Teilen)
DDR
Regie: Martin Eckermann

Kleine Leute – große Leute (TV-Magazin)
DDR

1972/73

Den Wolken ein Stück näher (zweiteiliger TV-Film)
DDR
Regie: Christian Steinke

Die sieben Affären der Dona Juanita (vierteiliger TV-Film)
DDR
Regie: Frank Beyer

Der römische Weg

Das Nest im Urwald

Das Wasserschloß
DDR
Regie: Peter Hagen
Die drei Produktionen liefen in der Reihe **»Das unsichtbare Visier«**

Frank Beyers ›Die sieben Affären der Dona Juanita‹

Publicity-Foto zum dreiteiligen TV-Film ›Das unsichtbare Visier‹

1973

Stülpner-Legende (siebenteilige TV-Serie)
DDR
Regie: Walter Beck

1973/74

Die eigene Haut
DDR
Regie: Celino Bleiweiß

1974/75

Ein merkwürdiger Anschlag
Das Geheimnis der Masken
DDR
Regie: Peter Hagen
Beide Produktionen liefen in der Reihe »**Das unsichtbare Visier**«

1975

Rätsel des Fjords
Depot im Skagerrak
DDR
Regie: Peter Hagen
Beide Produktionen liefen in der Reihe »**Das unsichtbare Visier**«

1975/76

Die Lindstedts (siebenteilige TV-Serie)
DDR
Regie: Norbert Büchner

1976

Mörder machen keine Pause
Sieben Augen hat der Pfau
DDR
Regie: Peter Hagen
Beide Produktionen liefen in der Reihe »**Das unsichtbare Visier**«

Jutta Hoffmann und Armin Mueller-Stahl in Frank Beyers umstrittenem TV-Film ›Geschlossene Gesellschaft‹

1978

Geschlossene Gesellschaft
DDR
Regie: Frank Beyer

1980

Die längste Sekunde
BRD
Regie: Kristian Kühn

Ich möchte fliehen
BRD
Regie: Tom Toelle

Ja und nein
BRD
Regie: Tom Toelle
Lief in der Reihe **»Liebesgeschichten«**

Ich werde warten
BRD
Regie: Stanislav Barabas

1980/81

Die Emigranten
BRD
Regie: Franz Peter Wirth

Der erste westdeutsche TV-Auftritt: Armin Mueller-Stahl und Christine Ostermayer in ›Die längste Sekunde‹

Axel Corti, Regisseur von Armin Mueller-Stahl in ›A. Ferry oder wie es war‹ und ›An uns glaubt Gott nicht mehr‹

1981

Der Sonderbotschafter
BRD
Regie: Hajo Gies

Die Rache eines V-Mannes
BRD
Regie: Alfred Weidenmann
Lief in der Reihe »**Sonderdezernat K 1**«

Collin (zweiteiliger TV-Film)
BRD
Regie: Peter Schulze-Rohr

A. Ferry oder Wie es war
Österreich
Regie: Axel Corti

Eugenie Marlitt und die Gartenlaube
BRD
Regie: Herbert Ballmann

1982

An uns glaubt Gott nicht mehr
BRD
Regie: Axel Corti

Flucht aus Pommern
BRD
Regie: Eberhard Schubert

Ruhe sanft, Bruno
BRD
Regie: Hajo Gies

Der Fall Sylvester Matuska
BRD
Regie: Sandor Simo

1983

Freiwild
BRD
Regie: Wolfgang Staudte
Lief in der Reihe »Tatort«

1984

Morgengrauen (dreiteiliger TV-Film)
BRD
Regie: Michael Mackenroth
Lief in der Reihe »Ein Fall für zwei«

Stellen Sie sich vor, man hat Dr. Prestel erschossen
BRD
Regie: Zbyneck Brynych
Lief in der Reihe »Derrick«

1985

Gauner im Paradies
BRD
Regie: Thomas Fantl

Hautnah
BRD
Regie: Peter Schulze-Rohr

1985/86

Auf den Tag genau
BRD
Regie: Michael Lähn

Franza
Österreich
Regie: Xaver Schwarzenberger

1986

Abenteuer in Bangkok (dreiteiliger TV-Episodenfilm)
BRD
Regie: Hagen Mueller-Stahl

1986/87

Amerika (siebenteiliger TV-Film)
USA
Regie: Donald Wyre

Jokehnen oder Wie lange fährt man von Ostpreußen nach Deutschland? (dreiteiliger TV-Film)
Regie: Michael Lähn

Sonstiges

1955

Der Querkopf (Kurzspielfilm)
DDR
Regie: Kurt Jung-Alsen
»Stacheltier«-Produktion

1962

Achtung – 8 x aufgeblendet (Filmmagazin)
DDR
Regie: Hans Joachim Hildebrandt
Armin Mueller-Stahl tritt in der Episode »Bankraub« auf

1971

Weil es mir Spaß macht (Kurzdokumentarfilm)
DDR
Regie: Sabine Schwill
Film der Hochschule für Fernsehen und Film (HFF)

1983/84

Die Mitläufer
BRD/99 Min./schwarzweiß
Regie: Erwin Leiser, mit Spielszenen von Eberhard Itzenplitz
Produktion: Erwin M. Leiser/ZDF
Buch: Erwin Leiser, Oliver Storz

Kamera: Gerard Vandenberg
Schnitt: Elisabeth Imholte
Darsteller: Armin Mueller-Stahl (Kurz), Karin Baal (Elisabeth Kurz), Gottfried John (Brocke), Horst Bergmann (Strobel), Therese Lohner (Ellen Kurz), Franz Mosthav (Mettke), Benjamin Völz (Fritz) u.v.a.
Sprecher: Horst Bollmann, Günther Sauer, Witta Pohl, Lisi Mangold, Felix von Manteuffel u.a.

BIBLIOGRAPHIE

a) Bücher

AGDE, GÜNTER (Hrsg.): Filmarbeit. Maetzig-Gespräche, Reden, Schriften. Berlin 1987

ARD (Hrsg.): Spielfilme im Deutschen Fernsehen. Frankfurt/Main. 1959–1992

BAWDEN/TICHY (Hrsg.): rororo Film Lexikon. Bd. 1–6. Hamburg 1978

BLUMENBERG, HANS C.: Kinozeit. Aufsätze und Kritiken zum modernen Film 1976–1980. Frankfurt/Main 1980

BUNDESMINISTERIUM FÜR INNERDEUTSCHE BEZIEHUNGEN (Hrsg.): DDR-Handbuch. Köln 1979

ECKHARDT, BERND: Rainer Werner Fassbinder. München 1982

GRANSOW, VOLKER: Kulturpolitik in der DDR. Berlin 1975

GREGOR, ULRICH: Geschichte des Films. Bd. 4. Reinbek bei Hamburg 1983

HEMBUS, JOE: Der deutsche Film kann gar nicht besser sein. München 1981

Ders.: Western Lexikon. München 1978

INSTITUT FÜR FILMWISSENSCHAFT (Hrsg.): Spielfilme der Defa im Urteil der Kritik. Berlin 1970

JACOBSEN, WOLFGANG (Hrsg.): Babelsberg 1912–1992. Berlin 1992

JANSEN/SCHÜTTE (Hrsg.): Film in der DDR. Reihe Film 13. München 1977

Dies.: Herbert Achternbusch. Reihe Film 32. München 1984

Dies.: Herzog/Kluge/Straub. Reihe Film 9. München 1976

Dies.: Rainer Werner Fassbinder. Reihe Film 2. München 1982

JUST, LOTHAR R. (Hrsg.): Das Filmjahr 1985. München 1985

Ders.: Film-Jahrbuch 1987. München 1987

Ders.: Film-Jahrbuch 1988. München 1988

Ders.: Film-Jahrbuch 1989. München 1989

Ders.: Film-Jahrbuch 1990. München 1990

Ders.: Film-Jahrbuch 1991. München 1991

KASJANOVA, LJUDMILA: Begegnungen mit Regisseuren. Berlin 1974

KATHOLISCHES INSTITUT FÜR MEDIENINFORMATION E.V. UND DER KATHOLISCHEN FILMKOMMISSION FÜR DEUTSCHLAND (Hrsg.): Filme in der DDR 1945–86. Köln/Bonn 1987

Dass.: Lexikon des Internationalen Films. 10 Bände, zwei Ergänzungsbände. Reinbek bei Hamburg 1987/1989/1991

KUROWSKI, ULRICH: Lexikon Film. München 1976

MALTIN, LEONARD (Hrsg.): Movie and Video Guide 1992. New York 1991

MUELLER-STAHL, ARMIN: Drehtage »Music Box« und »Avalon«. Frankfurt/Main 1991

Ders.: Verordneter Sonntag. München 1990

PROKOP, DIETER: Materialien zur Theorie des Films. München 1971

Ders.: Soziologie des Films. Neuwied/Berlin 1970

REICHOW, JOACHIM U. HANISCH, MICHAEL: Filmschauspieler A–Z. Berlin 1989

RICHTER, ROLF (Hrsg.): DEFA-Spielfilm-Regisseure und ihre Kritiker. Zwei Bände. Berlin 1983
ZDF (Hrsg.): Der Spielfilm im ZDF. Mainz 1961–1992
ZENDER, MARTINA (Hrsg.): Das Filmjahr '86. München 1986

b) Aufsätze und Zeitschriftenartikel

FUNKE, CHRISTOPH: Armin Mueller-Stahl. In: Schauspieler. Berlin 1980. S. 229–232
GREGOR, ERIKA U. ULRICH (Hrsg.): Filme aus der DDR. In: Freunde der deutschen Kinemathek. Heft 48. Berlin 1972
GREGOR, ULRICH: Im Osten nichts Neues? In: Filmkritik Nr. 6/64. S. 291
KERSTEN, HEINZ: Filmpolitik in der DDR. In: Filmkritik Nr. 6/64. S. 284
KIRFEL, BERT: Positiver Held – kein Trunkenbold. In: Der Tagesspiegel. 31.5.1963
KRUG, OTTILIE: ... und geigt noch immer. In: Filmspiegel Nr. 2/73
MUELLER-STAHL, ARMIN: Das Kollektivwerk Film. Zur Regiepraxis Frank Beyers. In: Deutsche Filmkunst Nr. 7/62. S. 262–264
PELZER, HELMUTH: Geschichten aus meiner Schublade. In: Filmspiegel Nr. 20/62

c) Zeitungen und Zeitschriften

Diverse Artikel und Beiträge, erschienen im Zeitraum zwischen 1955 und 1992, aus folgenden Periodika fanden Verwendung:
Abendzeitung München, Bauernecho, Blickpunkt Film, BZ am Abend/Berlin, Cahiers de Cinema, Cinema, epd Film, Eulenspiegel, Evangelischer Filmbeobachter, film-dienst, Filme, Filmecho/Filmwoche, Filmspiegel, Film und Fernsehen, Frankfurter Allgemeine Zeitung, Freie Presse/Karl-Marx-Stadt, für dich, Fürther Nachrichten, Junge Welt/Berlin, Kölner Rundschau, Leipziger Volkszeitung, Liberal-Demokratische Zeitung/Halle, Los Angeles Times, Märkische Volksstimme/Potsdam, Münchner Merkur, Münchner Stadtmagazin, Münchner Stadtzeitung, Nationalzeitung/Berlin, Neues Deutschland, New York Newsday, Der Neue Weg, Neue Zeit/Berlin, Sächsische Neueste Nachrichten/Dresden, Sächsische Zeitung/Dresden, Spektrum Film, Der Spiegel, Stern, Süddeutsche Zeitung, die tageszeitung/Berlin, Tip/Berlin, Tribüne, Variety, Das Volk/Erfurt, Die Zeit, Zitty/Berlin

d) Sonstiges

EXPORT-UNION DES DEUTSCHEN FILMS E.V.: Kino 85. Filme der Bundesrepublik Deutschland. München 1985
Dies.: Kino 87. Filme der Bundesrepublik Deutschland. München 1987
INTERNATIONALE FILMFESTSPIELE BERLIN: Katalog 1992. Berlin 1992
INTERNATIONALE HOFER FILMTAGE: Katalog 1982. Hof 1982
PRESSEHEFTE: CineVox, Columbia/Tri-Star, Concorde, Concorde-Video, Filmverlag der Autoren, Filmwelt, Futura, Progress, RCA-Columbia, Scotia, Senator, Tivoli, ufa-Video, Vestron-Video

PRIVATARCHIV: Armin Mueller-Stahl
PROGRAMMHEFTE: Filmprogramm 122, Der verführte Mann; Progress-Dienst
UNIDOC Film GmbH (Hrsg.): KINO DDR. Programmheft zur Filmwoche 1979. München 1979
UNIDOC-Verleihkatalog: München 1979.

Register

D

E

F

G

H

I

J

K

Y

Z